LES PROBLÈMES D'AUJOURD'HUI

Série " HOMMES et IDÉES "

MUSSOLINI

ET

LE FASCISME

PAR

DOMENICO RUSSO

PARIS
LIBRAIRIE PLON
PLON-NOURRIT ET Cⁱᵉ, IMPRIMEURS-ÉDITEURS
8, rue Garancière - 6ᵉ
1923

MUSSOLINI ET LE FASCISME

LES

PROBLÈMES D'AUJOURD'HUI

COLLECTION

D'ÉTUDES ÉCONOMIQUES ET POLITIQUES

DIRIGÉE PAR

M. ALFRED DE TARDE

L'épreuve de la guerre a mis en évidence de grandes lacunes dans l'esprit public de notre pays. Elle a révélé notamment notre insuffisante connaissance des pays étrangers, de leurs mœurs, de leur politique, et notre réelle ignorance des questions économiques.

La présente collection se propose de remédier à ces défauts, qui faillirent nous être funestes.

Dans une suite d'ouvrages d'une documentation sûre, d'une lecture aisée et spécialement destinés aux hommes d'action, c'est-à-dire offrant des solutions définies, elle abordera toutes les grandes questions qui intéressent l'opinion, et les traitera dans un esprit strictement objectif, avec le seul souci de servir ainsi l'intérêt national.

DÉJA PARUS :

Le Bilan de la guerre, par TRUSTEE (7e édition).

L'Armée nouvelle et le Service d'un an, par B. A. R. (Préface du général DUVAL) (5e édition).

La Réparation des dommages de guerre, par André TOULEMON (6e édition).

L'Irlande insurgée, par Sylvain BRIOLLAY (6e édition).

Nos ports, par M. CLAVEILLE, sénateur, ancien ministre (5e édition).

Le Nationalisme turc, par Berthe GEORGES-GAULIS (6e édition).

Les Nouveaux impôts ont-ils fait faillite ? par Pierre BODIN (5e édition).

LES PROBLÈMES D'AUJOURD'HUI

Série " HOMMES et IDÉES "

MUSSOLINI

ET

LE FASCISME

PAR

DOMENICO RUSSO

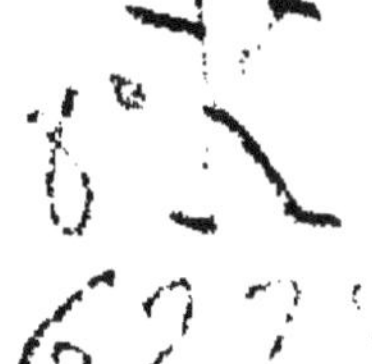

PARIS

LIBRAIRIE PLON

PLON-NOURRIT ET Cⁱᵉ, IMPRIMEURS-ÉDITEURS

8, RUE GARANCIÈRE - 6ᵉ

—

Tous droits réservés

Ce qu'était l'Italie au mois d'octobre 1922, à la veille du triomphe du fascisme, un écrivain italien, le plus expressif peut-être de la fièvre qui a envahi la péninsule, Giovanni Papini, l'a dit dans une page qui porte ce titre suggestif : Prière pour la paix.

« *Lisez les journaux, laissez de côté les parlotes du Parlement et les potins des couloirs, comptez et tirez les sommes : pendant ces deux ans et demi qui se sont écoulés depuis l'armistice, nous avons fait, par nous-mêmes, autant de morts et de blessés que dans une grande bataille. La guerre civile se dércule par bonds, par des épisodes en ordres épars, interrompus par de courtes trêves, par des armistices précaires, mais elle est, qu'on le veuille ou non, le fait dominant de notre vie quotidienne. On pourrait croire que les Italiens, n'étant pas satisfaits du sang de leurs ennemis, ni de leur propre sang, répandu dans la guerre, triste, pénible, longue, désespérée, sentent le besoin d'une prolongation de cruauté, d'un supp ément de souffrance, d'un grand holocauste de vies, de tortures, de souffrances humaines.*

« *Les armes qui furent fabriquées en excédent, toutes sont mises en œuvre, et celles qui furent ramassées, trophées pardonnables, sur les rochers du Carso, tous les projectiles qui n'ont pas explosé avant le mois de novembre 1918, éclatent maintenant. Et ceux qui ne sont pas morts sous les balles croates ou hongroises meurent sur les places d'Italie; et ceux qui ont survécu aux assauts, aux escalades des hauteurs, aux déluges de feu, tombent, aujourd'hui, dans les embuscades, dans les mêlées, sur les routes, dans toutes les régions d'Italie. Celui qui échappa à la rage des ennemis, est tué par ses frères, par des hommes qui sont nés dans des maisons proches de la sienne, fils de mères de sa propre race et d'hommes qui parlent sa même langue peut-être, et qui ont peut-être dans leurs âmes les mêmes amours. »*

Bien peu nombreux étaient, au milieu de tout cela, les esprits qui osaient, comme l'auteur du Crépuscule des philosophes, maudire la lutte et invoquer la paix. Mais la paix est venue enfin. Elle est venue avec la victoire de l'un des deux partis qui étaient, depuis si longtemps, aux prises entre eux : le parti de M. Mussolini. Des soubresauts, des frémissements, des essais de résistance se manifestent encore par-ci, par-là; ce sont les étincelles extrêmes d'un foyer qui s'éteint. Si le fascisme italien n'a été que l'instrument d'une lutte qu'on a proclamée nécessaire pour aboutir à cette paix relative sans laquelle l'Italie n'aurait pu espérer vivre et reprendre sa place au milieu des nations civilisées, on peut dire que son rôle est fini, à l'heure où j'écris. L'historien peut en faire, désormais, l'objet d'une étude objective et sereine. Georges Hegel a écrit quelque part que l'histoire est comme l'oiseau de Minerve qui ne peut élever son vol avant que tombe la nuit. La nuit tombe, elle est tombée même sur cette formidable lutte dans laquelle le fascisme a joué son rôle. M. Mussolini, chef du gouvernement du roi Victor-Emmanuel, est aujourd'hui un autre homme que M. Mussolini, chef des chemises noires. On peut hésiter à parler de l'un; on peut, sans crainte d'être contredit par la réalité de demain, analyser les raisons du succès de l'autre.

Tel est le but de ce travail.

Ajoutons ceci : on se tromperait si l'on espérait découvrir, dans les pages qui vont suivre, une défense de l'un ou l'autre groupe, un réquisitoire ou une apologie. Cette étude ne veut pas être un pamphlet, mais un essai d'explication d'un des faits qui serviront demain à caractériser l'évolution d'un peuple. Et là où il y a le spectacle dramatique d'un choc de sentiments, d'idées, de forces morales ou physiques, supérieures à la volonté des hommes, il est vain de chercher des éléments pour exalter les uns ou condamner les autres.

MUSSOLINI ET LE FASCISME

CHAPITRE PREMIER

UN PAYS DIVISÉ
L'ITALIE A LA VEILLE DU CONFLIT MONDIAL

En parlant d'un des épisodes principaux de l'histoire des troubles italiens, dont le fascisme a été la dernière manifestation, un écrivain socialiste, M. Claudio Trèves, disait : « C'est le résultat mathématique de la guerre. » Ce jugement est vrai, non seulement pour l'un des épisodes, mais pour tout l'ensemble de faits d'où est sorti le fascisme et au milieu desquels il a opéré. Nécessairement, si l'on veut se rendre exactement compte des causes qui engendrèrent le phénomène, on est amené à évoquer ce qu'était l'état d'esprit des masses italiennes à la veille de leur intervention dans le conflit mondial.

On connaît généralement les conditions matérielles de la péninsule avant le mois d'août 1914. On sait que le pays, longtemps éprouvé par de longues et fréquentes crises économiques, venait d'en sortir, surtout, par la formation d'une organisation industrielle active et audacieuse, premier coefficient de l'amélioration considérable des finances de l'État, qui se manifesta par une opération peu commune dans l'histoire des États européens, la conversion de la rente. Bien moins connues de l'étranger ont été les conditions morales de l'Italie. Cette ignorance s'est révélée, non seulement dans les œuvres des écrivains irresponsables qui se sont occupés de l'Italie, hors de ses frontières, avant la guerre (la chose pouvait être sans conséquence), mais elle a inspiré — ce qui est bien plus grave — les diplomates et les gouvernements dont le devoir essentiel est de ne pas se laisser tromper par les apparences, mais de regarder la réalité en face et de ne compter qu'avec elle. Cette réalité, pour ce qui concerne l'Italie, la voici.

Comme dans la France, telle que Guizot la définissait en 1852, dans l'Italie de 1914, les classes politiques étaient d'un côté, les masses populaires de l'autre : entre elles, à peu près aucun rapport ; elles ne se connaissaient pas ; elles agissaient chacune pour son compte. En France comme en Italie, un même fait avait contribué à maintenir cet effet : l'éloignement des masses de la vie politique, réservée au suffrage restreint.

Bien ancien était le fossé qui divisait l'élite politique des masses. Il existait au moment même de la constitution de l'unité italienne, œuvre d'une minorité, tandis que les masses n'ont presque nulle part, participé à sa formation. Par un procédé naturel, l'organisation de l'État nouveau se fit de façon à assurer à la minorité qui l'avait fait, le monopole de sa direction et des bénéfices du pouvoir. Il ne faut pas oublier que le suffrage universel n'a été introduit en Italie que par M. Giolitti en 1913. Le suffrage restreint contribua ainsi à laisser la masse dans l'indifférence à l'égard des grands problèmes politiques de la nation, pendant que la loi du *non expedit*, édictée par le Vatican, faisait de cette indifférence une obligation religieuse pour les catholiques. Cependant, sous l'aiguillon des problèmes de la vie de chaque jour — problèmes économiques surtout, — ces masses s'étaient organisées. On les trouve, en effet, en Italie, à la veille de la guerre, enrégimentées et encadrées fortement dans des milliers de syndicats, de ligues, d'associations de toute nature, de coopératives surtout. Elles formaient deux armées distinctes, l'une catholique sociale, l'autre socialiste. Il serait difficile de découvrir, en dehors de ces deux forces, une troisième organisation de masse, en communication ou d'intérêts ou de sentiments avec les classes, ou, disons mieux, avec les partis libéraux de toutes nuances qui, depuis 1860, s'alternaient au gouvernement. Il n'est pas exagéré de dire que ces partis, isolés des foules organisées, avaient perdu, peu à peu, la sensation de ce qu'était l'âme profonde de la majorité de la nation. Ajoutez que le monopole du pouvoir avait fini par vider ces vieilles classes politiques, devenues simples oligarchies, de toute trace d'idéalisme, tandis qu'un idéalisme, de plus en plus profond, au-dessus même de leurs visées économiques et matérielles, agitait les foules. Divisées par la conception différente de l'au-delà, ces foules catholiques et socialistes se trouvaient, à la veille de la guerre, avec un fond commun de sentiments et de programme d'action, avec une même aversion à l'État libéral (teinté, depuis peu, d'une doctrine nationaliste chez les plus jeunes de ses défenseurs), avec un même esprit d'opposition contre tout programme s'inspirant des exigences de l'égoïsme national. Si les socialistes cherchaient, au delà des frontières, des directions, des sympathies et des liens de fraternité, les catholiques en faisaient autant. Leurs dirigeants s'étaient formés à l'école des Lamennais et des Lacordaire aussi bien qu'à celle des Windthorst, des Ketteler ou des Bernaert de France, d'Allemagne, de Belgique et d'ailleurs. Un esprit de solidarité internationale, d'internationalisme, s'accordant avec la tradition séculaire de l'Italie, constituait ainsi le fond commun des uns et des autres.

Voilà, au moment où le conflit européen éclatait, les masses qu'il fallait amener à accepter la guerre. La tâche n'était pas impossible. Elle aurait séduit un homme d'État véritable, je veux dire un homme doté de la connaissance réelle du peuple qu'il doit conduire.

C'est pour avoir faibli à cette tâche, c'est pour n'avoir pas su amener ces masses, par la voie qu'il fallait, aux suprêmes sacrifices, c'est pour cela que la guerre a été pour la seule Italie, parmi les peuples vainqueurs, un creuset infernal d'anarchie d'où, réaction tardive, le fascisme devait sortir.

Que le lecteur veuille bien excuser cette évocation d'un passé sur lequel, généralement, on n'aime pas insister aujourd'hui. Mais les nuées que la littérature de guerre a amassées sur les dispositions de l'âme italienne, aussi bien que sur les suites révolutionnaires de la guerre, ont été si denses qu'il est vraiment impossible de se rendre compte de l'enchaînement des faits qui ont abouti au fascisme, si l'on ne s'arrête d'abord pour les dissiper.

CHAPITRE II

LES MASSES ET LA GUERRE

La guerre a été le grand facteur qui a transformé les masses italiennes, ou la plus grande partie d'entre elles, en hordes révolutionnaires et bolcheviques. Il y a, à l'origine de ce fait, les erreurs commises par des hommes dont le nom reste lié au grand fait de l'intervention italienne. Si ces hommes avaient su présenter aux masses de leur pays l'intervention comme un devoir répondant à ce sentiment de solidarité internationale qui était au fond de leurs âmes, au lieu de la présenter comme une simple entreprise de conquête territoriale, ces masses ne seraient pas entrées dans les tranchées à contre-cœur et n'en seraient pas sorties assoiffées de désordre et de destruction, ce qui malheureusement s'est produit.

Par un aveuglement qui s'explique par l'ignorance dans laquelle les classes politiques italiennes se trouvaient des sentiments de la foule, les hommes qui étaient au gouvernement, et M. Sonnino surtout, crurent pouvoir les entraîner en leur parlant d' « égoïsme sacré », en leur discourant de Trieste, de Trente, de la Dalmatie et de je ne sais quelles autres conquêtes, plus lointaines — buts auxquels ces foules étaient, à cette heure-là, indifférentes. Ils crurent pouvoir négliger leur idéalisme, leur formation historique, leur antipathie, profonde, pour toute entreprise de nationalisme militaire, en les lançant contre cette Autriche, mosaïque de peuples contre lesquels il était difficile de découvrir de la haine véritable dans des esprits prêts à un seul sacrifice, à donner leur vie pour une idée et non pour l'acquisition d'un territoire, prêts à se dresser contre le *Tedesco*, car le *Tedesco* seulement leur était apparu comme l'ennemi véritable de la civilisation et le représentant du militarisme, brutal et incendiaire.

Avouons-le : s'il avait fallu à la diplomatie de M. Sonnino choisir des moyens exprès pour refroidir toute flamme de générosité dans l'esprit des masses italiennes, assurément il n'aurait pas pu en trouver de meilleurs que ceux qu'il employa dans les négociations qui se déroulèrent presque à ciel ouvert, à Rome, entre le mois de décembre 1914 et le mois d'avril 1915.

On sait ce que furent ces négociations. En prenant comme intermédiaire bénévole le représentant de Guillaume II, M. de Bülow, M. Sonnino demandait à l'Autriche la cession de territoires dont l'attribution pouvait seule empêcher l'Italie de sortir de sa neutralité et de se ranger du côté des Alliés. On discuta, on marchanda. L'Autriche, après s'être montrée difficile, finit par consentir à céder à l'Italie une partie seulement des territoires qu'on lui demandait : cette partie constituait le *parecchio* de M. Giolitti. Ce n'était pas assez pour M. Sonnino. Et un beau jour, les masses qui avaient assisté, stupéfiées, à ces négociations, apprirent qu'une différence de quelques centaines de kilomètres séparant l'offre de Vienne et la demande de M. Sonnino, on avait décidé de rompre l'alliance avec l'Autriche et de lui déclarer la guerre. Ainsi, et non pas autrement, le peuple italien fut engagé dans la mêlée. Le bon sens le plus élémentaire aurait pu suffire à faire comprendre dans quel esprit les foules, subitement obligées à se transformer en armées, allaient entrer dans la lutte. Elles n'avaient pas compris. Elles comprirent encore moins plus tard lorsque, après les premières marches faciles du côté de l'Autriche, les combats, les souffrances, les tortures commencèrent. Il restait un espoir : cette guerre, dépouillée aux yeux des Italiens incultes, de cette beauté que l'image de la patrie envahie donnait aux Français, privée de cette noblesse et de cette générosité chevaleresque qui soulevèrent les foules, anglaises et américaines, plus tard, cette guerre, préparée par des négociations à la Shylock, selon ce qu'a dit M. Salvemini, devait, du moins, être très courte...

Au premier essai, cet espoir s'envola. Alors, l'une des plus terribles tragédies que l'histoire de la guerre enregistre, commença. Songez combien insoluble par les moyens ordinaires était le problème qui se posa, dès les premiers jours, devant le chef de l'armée italienne, le problème du maintien de l'ordre, de la discipline et de l'esprit de combativité dans ces rangs de soldats dont une partie seulement étaient en état de comprendre la nécessité de se battre pour « la plus grande Italie ». On a reproché au général Cadorna l'emploi habituel de sanctions, rares dans les autres armées. Mais n'importe quel chef, mis en présence d'un état d'esprit tel que celui qui dominait dans un si grand nombre des bataillons, rangés entre les Alpes et l'Adriatique, n'aurait pu faire autrement. A l'intérieur du pays, où le problème restait le même, les méthodes de gouvernement appliquées aux civils n'étaient pas, ne pouvaient pas être différentes. Par exemple, l'organisation de camps de concentration, destinés non seulement aux ennemis, mais aux Italiens, coupables de ne pas cacher leur aversion pour la guerre (1), apparaissait comme un moyen de gouvernement bien naturel à ceux qui sentaient que l'honneur et le salut de la patrie étant engagés, il n'y avait pas de limite dans le choix des voies pour aboutir. Naturellement, l'impopularité de la guerre ne pouvait que s'accroître avec sa durée. Le régime de faveur, fait à la population industrielle par la création des usines d'armements aux hauts salaires, ne suffisait

---

(1) La plupart étaient dénoncés par une organisation de surveillance, irresponsable, fonctionnant à côté de la police d'État.

pas. Mobilisés sur place ou ramenés du front, les ouvriers devinrent les témoins dangereux des bénéfices scandaleux que les fournisseurs de guerre et leurs associés de différentes catégories y réalisaient. Aussi bien furent-ils l'élément le plus agissant, sinon le plus haineux de l'armée révolutionnaire, lorsqu'elle se forma, plus tard, comme un produit spontané, le lendemain de l'armistice. L'heure à laquelle la masse des soldats sortit des tranchées et à laquelle les tribunaux de guerre et le régime exceptionnel cessèrent de fonctionner, fut l'heure même de l'explosion de toutes les colères et de toutes les rancœurs, amassées dans les âmes de la plus grande partie des combattants et de ceux qui avaient partagé avec eux, de loin, les angoisses et le martyr d'une lutte, dépouillée, dès le premier assaut, par l'erreur des politiciens, de tout levain d'idéal. Les masses, jadis vibrantes aux sentiments de solidarité internationale d'avant août 1914, rentrées maintenant dans leurs villages, n'étaient plus composées pour la plus grande partie, que d'êtres animés de passions sauvages, prêts à s'insurger.

CHAPITRE III

L'EXPLOSION RÉVOLUTIONNAIRE

Immédiatement l'agitation révolutionnaire commença. L'exemple de la Russie, bolchevisée, agissait sur les esprits comme un mythe pervers, enchanteur. Déjà, au printemps de 1918, lorsque la guerre durait encore, on avait vu passer, accueillis presque en triomphe, les délégués des Soviets à Milan, à Naples, à Turin, à Rome. Devant la révélation des passions nouvelles des foules, le gouvernement, frappé, à ce moment-là, d'une impuissance qui ne pouvait que s'accroître, n'avait pas osé agir.

Rapidement, dans tous les centres, on vit s'accroître, autour des Bourses du travail, le nombre des syndiqués. La Confédération générale du travail, la principale organisation rouge d'Italie, ne comptait avant la guerre que trois cent mille inscrits : elle dépassa le million aussitôt. Un développement parallèle marquait la Confédération italienne des travailleurs, réunissant les adhérents des syndicats chrétiens. La grève dans les usines, dans les champs, dans les ports, dans les services publics devint l'épisode de chaque jour. Rien de semblable à « la vague de paresse » s'étalant doucement dans les pays voisins. On chômait non plus pour obtenir des améliorations de salaires ou d'horaires ou d'autres réformes de détail, on chômait pour des raisons bien plus futiles : telle l'application de l'heure d'été ou le transfert d'un chef syndicaliste d'une section à l'autre d'une même usine.

Abandonnés par le gouvernement à eux-mêmes, que

faisaient les industriels ? Quelques-uns acceptaient la défense que des groupes de combattants, restés armés et unis entre eux, — première ébauche des fasci, — leur offraient, mais cette défense était si faible, si inefficace contre la marée débordante !

Le parti le plus sage, ou du moins le plus opportun, était de céder ; c'est ce que firent le plus grand nombre. Et des industries, très prospères pendant la guerre, se virent obligées de sacrifier les bénéfices de la veille aux prétentions des syndiqués. Par un contre-coup inéluctable, le coût de la vie s'accrut d'autant. Et les prix des denrées, devenus exorbitants, stimulèrent la masse des consommateurs à entrer dans le flot. Les émeutes pour obtenir une baisse sur les produits ne tardèrent pas à éclater dans les grands comme dans les petits centres. Les consommateurs entraient de vive force dans les boutiques : la résistance fut rare, presque partout les commerçants cédèrent, en baissant leurs prix ; puis la mode s'établit parmi eux d'abandonner les boutiques aux premiers symptômes de la révolte, en confiant leurs clefs à la Bourse du travail de l'endroit.

Les événements de la politique extérieure devaient rendre la situation plus trouble encore. On sait ce qui se passa à Paris, à la Conférence de la paix. M. Orlando et M. Sonnino, venus à la Conférence avec un programme qui comprenait l'application du traité de Londres et l'établissement de l'hégémonie de l'Italie sur l'Adriatique, se virent refuser ce qui, au moment de l'intervention, avait été proclamé, par les interventistes, comme un minimum essentiel. Non seulement la situation de l'Italie sur l'Adriatique, partagée entre elle et la Serbie, n'était pas celle que les Alliés lui avaient promise, mais Fiume, ville italienne par tradition, par éducation, par la majorité de ses habitants, lui avait été refusée. L'effet de ces décisions de Paris fut de jeter, en Italie, même les interventistes, nationalistes, dans la tourmente. Et les critiques violentes que leur presse et leurs orateurs lançaient contre la mauvaise foi des Alliés, traîtres à leurs promesses, vinrent ajouter une valeur singulière à ces raisonnements par lesquels, à la veille des « journées radieuses » de mai 1915, les neutralistes s'étaient opposés à l'entrée de leur pays dans la guerre. C'était le procès de réhabilitation de M. Giolitti qui commençait.

En attendant la revanche de l'homme de Dronero, un autre qui passait pour être l'un de ses lieutenants, mais qu avait des ambitions bien plus hautes, M. Nitti, succédant à MM. Sonnino et Orlando, prit le pouvoir. Entourés de giolittiens ardents et d'anciens neutralistes résolus, ayant mis enfin à la retraite M. Sonnino, maintenu en place jusqu'alors par l'appui constant des Alliés et surtout de la France, M. Nitti essaya l'application d'une formule politique, diverse et assurément supérieure à celle du « laisser faire » chère à M. Giolitti, chaque fois qu'un mouvement populaire s'était manifesté dans le passé. M. Nitti rêva d'associer ces masses, déchaînées, surexcitées contre l'État, à la direction de l'État même. Il ne mentait certainement pas lorsque, dans une déclaration ministérielle le 9 juillet 1919, à la Chambre, il disait : « Les aspirations à une élévation du travail sont sacrées pour nous et nous croyons qu'à la fin, dans un avenir très proche, il faudra faire une part, toujours plus grande, à la nouvelle démocratie du travail. » Sauver le capital et l'organisation capitaliste, en l'associant au travail de la façon la plus généreuse, assurer à ce dernier son fruit le plus stable et permanent, en lui reconnaissant dans la production un rôle supérieur, voilà des théories que M. Nitti développa, à plusieurs reprises, dans ses discours.

Mais c'étaient des discours. Ils ne suffisaient pas pour endiguer le torrent révolutionnaire qui continuait à faire ses ravages. Pour traduire dans la législation et dans les faits son programme de gouvernement, M. Nitti songea à de nouvelles élections. Afin qu'elles

puissent donner une Chambre meilleure, une représentation moins infidèle des forces du pays, pour que ces forces
mêmes puissent sentir la possibilité de se faire valoir autrement que par la voie de la révolution, M. Nitti, acceptant
un des points principaux du programme des catholiques-
sociaux, obligea la vieille Chambre, élue par le système
majoritaire, à l'abolir, en le remplaçant par le scrutin de
liste avec représentation proportionnelle. C'était le sui-
cide imposé à la vieille oligarchie libérale. Les élections
générales politiques eurent lieu le 16 novembre 1919.
Elles donnèrent des résultats généralement attendus. Les
vieux partis libéraux se retrouvèrent battus, pulvérisés,
réduits en tronçons. M. Sonnino, qui n'avait pu trouver
place dans aucune liste, était parmi les vaincus. Le groupe
giolittien, qui disposait de la majorité avant la guerre et
qui aurait pu bénéficier du regain d'autorité personnelle
de son chef, ne comptait que neuf élus. Les nationalistes
n'en avaient que deux. Ce fut grâce surtout aux électeurs
du midi, prêts toujours à voter pour les candidats gouvernementaux, que, seule, parmi les libéraux, l'équipe
des amis de M. Nitti revint assez nombreuse, mais les
liens qui maintenaient ensemble ses membres étaient
bien faibles. Par contre, les socialistes officiels, les adversaires de la guerre, revenaient avec cent cinquante-six
députés ; et, second par l'importance numérique, le
groupe, nouveau-né des députés populaires entrait avec
cent représentants, à Montecitorio.

CHAPITRE IV

UN NOUVEAU PARTI : LES POPULAIRES

Le succès de ce nouveau parti des « populaires » constituait l'un des faits principaux de l'heure. Sa victoire indiquait bien que les masses n'étaient pas toutes la proie de l'hydre révolutionnaire, car ce nouveau parti, aussi bien que les socialistes, pouvait se vanter de les représenter.

Des historiens, mal renseignés, en Italie même, ont pu croire et affirmer qu'il s'agissait d'une constellation tout à fait nouvelle. La vérité est différente. Quelles que soient les dispositions d'esprit d'un corps électoral, il est difficile d'obtenir de lui qu'il choisisse un nombre aussi élevé de représentants d'une tendance déterminée, si celle-ci n'a pas été expliquée et acceptée par la masse, après une mûre préparation. Tel était le cas du parti populaire. Les organisations qui lui ont fourni les cadres essentiels et les contingents principaux étaient les organisations catholiques-sociales qui, par un effort long et tenace, surtout dans les campagnes, avaient réussi à barrer la route aux organisations socialistes dès leurs premiers succès, utilisant les sentiments profondément chrétiens d'une si grande partie du peuple italien.

De même qu'en Allemagne, de même qu'en Hollande, de même qu'en Belgique et qu'en Autriche, les catholiques-sociaux en Italie, prêchant la nécessité des réformes sociales et employant l'association comme instrument principal pour obliger le patronat et l'État à faire aux travailleurs leur part, avaient réussi déjà, à la veille de la guerre, à créer, dans toutes les régions, des réseaux de syndicats, de ligues de résistance, de coopératives de consommation, de crédit, de production même, à peu près comme les socialistes. Ils avaient, cependant, dépassé l'effort de ces derniers dans certaines formes spéciales d'activité comme dans la fondation des caisses rurales et des banques de petit crédit qui, fédérées au nombre de cinquante-six, avaient pu, par leur bloc solide, ainsi que par l'importance de leurs dépôts, s'imposer, en pleine guerre, à la haute banque et lui dicter même, à une certaine heure, leurs conditions.

Mais les milliers et milliers d'adhérents que ces organisations avaient enrôlés, fidèles, ainsi que nous l'avons dit plus haut, à la règle du *non expedit*, formulé par le Vatican, n'avaient presque aucun poids dans la direction de l'État, car leurs adhérents n'exerçant pas leurs droits électoraux, le gouvernement n'avait aucune raison, malgré leur force, de se soucier d'eux.

Un jour arriva cependant où, sous la pression des masses socialistes, organisées, M. Giolitti, président du Conseil, fut obligé de donner au peuple italien le suffrage universel : c'était au moment de la guerre de Libye. Ce fut le prix que le gouvernement paya, à l'intérieur, pour obtenir le calme pendant que ce premier essai de l'impérialisme italien, en Afrique, s'ébauchait. Habile plus que n'importe quel homme politique italien dans l'art de neutraliser les dangers de l'action des masses, en jouant des divisions existant parmi ces masses mêmes, M. Giolitti demanda au Vatican de l'aider à empêcher que ce premier essai du suffrage universel pût se traduire par un triomphe socialiste sans aucun correctif. Le Vatican l'écouta. Et pour la première fois, malgré le *non expedit*, un mot d'ordre discret permit aux électeurs catholiques de voter dans plusieurs régions, soit en faveur de candidats libéraux, non hostiles à leurs croyances, soit, là où cette tactique était impossible, en faveur de catholiques attitrés. Ces derniers n'étaient, ne pouvaient être que des exceptions, le Saint-Siège n'admettant pas l'existence, au sein du Parlement, d'un véritable parti catholique. Dans ces conditions, l'appui électoral, donné à l'État italien par les organisations catholiques, parvint à assurer, en 1913, l'entrée au Parlement de deux cent vingt-huit députés, appartenant aux différentes nuances de la majorité gouvernementale qui, sans les voix catholiques, n'aurait pu se former.

Cet état de choses, légèrement humiliant aussi bien pour les élus que pour les électeurs, conscients de leur force et rongeant leur frein, aurait pu se prolonger longtemps encore sans la guerre. Si les masses des ouvriers paysans et catholiques pouvaient, avant 1914, supporter qu'on leur imposât des candidats, sinon étrangers à leurs croyances, du moins à leurs conceptions, à leurs idées, à leurs sentiments et à leurs intérêts, elles ne le pouvaient plus lorsque, au retour des tranchées, elles apportaient, en rentrant dans leurs maisons, l'horreur de la guerre et des hommes de ces partis libéraux qui en portaient la responsabilité. Par là, on conçoit facilement comment la valorisation, sur le terrain politique et parlementaire, des forces catholiques-sociales avec leur propre physionomie, s'imposait. L'idée fit rapidement son chemin. Elle fut favorisée, sans doute, par le changement opéré au Vatican depuis la mort de Pie X. A l'ancien patriarche de Venise qui, avant d'être élevé au pontificat, avait présidé, dans son diocèse, aux alliances périodiques sur le terrain municicipal entre catholiques militants et libéraux conservateurs, à Pie X, qui avait continué à pratiquer la même tactique, ainsi que nous venons de le raconter, dans le cadre, bien plus vaste, de l'État italien, avait succédé Benoît XV qui, participant, jadis, à l'activité du cardinal Rampolla dont il avait été le collaborateur, possédait une conception toute différente du rôle de la papauté, vis-à-vis de la monarchie italienne. Cette conception n'était pas faite pour encourager la continuation de l'exploitation électorale de la masse des catholiques organisés, de la part de la vieille oligarchie libérale dont l'antagonisme idéal avec la tâche supérieure, commise à la papauté, avait éclaté encore une fois à l'occasion de la guerre. C'est donc avec le consentement tacite du Vatican, je veux dire après en avoir reçu l'approbation, que, le 18 janvier 1919, un groupe de personnalités, parmi lesquelles étaient les principaux leaders des organisations catholiques-sociales d'Italie, lançait le programme du parti populaire italien.

C'était, en grande partie, la réédition du programme ancien du catholicisme-social. On y parlait de l'intégrité de la famille, de la liberté d'enseignement, de la protection de l'organisation syndicale. On y réclamait la législation sociale, nationale et internationale, le développement de la coopération, les assurances sociales, la multiplication de la petite propriété agricole, la décentralisation administrative, la liberté et l'indépendance de l'Église, la réforme générale des impôts avec l'introduction de l'impôt progressif, le suffrage féminin, la transformation du Sénat en Chambre des représentants des intérêts corporatifs et des classes organisées. On y parlait, en outre, de la nécessité de la défense nationale, de la valorisation de l'émigration italienne, de l'établissement de sphères d'influence pour le développement commercial du pays, d'une politique coloniale en rapport avec les intérêts de la nation et inspirée par un plan de « civilisation progressive ». Et l'on terminait par une adhésion à la Société des nations et par la demande de l'arbitrage international, l'abolition des traités secrets et de la conscription obligatoire et l'acheminement vers le désarmement universel.

Ce qu'il y avait de plus curieux, dans ce programme, était l'affirmation de l'autonomie et de la personnalité des syndicats, des communes et des provinces contre l'État, l'État qui, dans les mains des vieilles classes libérales, n'avait visé qu'à concentrer, jusqu'alors, dans le Parlement, tous les pouvoirs et, dans la bureaucratie, toutes les forces de la nation. En somme, par ses affirmations et par ses exigences de réformes, le nouveau parti s'opposait au conservatorisme, immobile, aussi bien qu'aux conceptions catastrophiques des partis révolutionnaires. C'était, par sa conception originale, un parti de centre.

Lorsqu'on se reporte à l'état profond de trouble dans lequel l'agitation, ouvertement révolutionnaire des masses, avait plongé les classes bourgeoises, on s'explique la sympathie avec laquelle l'apparition de ce parti fut saluée, non seulement par cette partie des travailleurs organisés qui, malgré tout, répugnaient à l'idée du bouleversement total et restaient fidèles à l'enseignement chrétien de la modération et de la transformation de la société dans l'ordre, mais aussi par d'autres éléments, très nombreux, en dehors du monde ouvrier. M. Scarfoglio, le directeur du *Mattino* de Naples, avait raison, naguère, d'affirmer que s'il y a eu, en 1922, une heure où toute l'Italie a été, plus ou moins, fasciste, de même il y avait eu, en 1919, une heure où toute l'Italie était, plus ou moins, populaire. Ce n'est pas ici le lieu de dire pourquoi cette sympathie à l'égard du jeune parti devait, plus tard, s'évanouir. Marquons cependant que le besoin d'une réaction, non pas dans un sens conservateur mais d'un sage réformisme, joint au retour à ces principes de renaissance spirituelle, négligés par les vieux politiciens, était tel que peu de gens songèrent, alors, à relever la double équivoque avec laquelle le parti populaire se présentait. Cette équivoque consistait d'abord dans le silence absolu que ses promoteurs gardaient sur la guerre. Étaient-ils des neutralistes? Étaient-ils des interventistes? Étaient-ils en faveur de l'exaltation de la victoire ou participaient-ils à l'état d'esprit des masses pour lesquelles cette victoire, obtenue avec les méthodes qui les avaient amenés sur le chemin de la révolution, était haïssable? Pas un mot, dans le programme du nouveau parti qui puisse permettre de répondre à la question. Elle se rattachait, cependant, à ce qui était le principal problème moral qui agitait la conscience des foules.

Autre raison d'équivoque : le nouveau parti s'affirmait comme chrétien, oui, mais en antithèse spirituelle avec le vieux cléricalisme italien : c'était comme le résultat d'un pacte nouveau, intervenu entre la masse des anciens catholiques, organisés, et le Vatican qui, après leur avoir imposé l'abstention des luttes politiques, leur avait enfin reconnu la liberté d'y prendre part dans l'orbite de la constitution monarchique de l'État italien. Pas de directions cléricales, donc, pas d'entremise d'autorité religieuse dans la politique, à travers la nouvelle organisation : parti chrétien, oui, mais laïque et libre, comme tous les autres, d'agir. Et cependant, ce parti nouveau, dont la base était offerte par tout ce mouvement syndical et coopératif, dont les laïques avaient été, jusqu'à la veille, les chefs, était dirigé par un prêtre : don Luigi Sturzo qui fut et qui devait rester, pendant quatre ans, son secrétaire politique ; qui devait faire de ses fonctions, assez limitées dans l'organisation des autres partis italiens, de véritables fonctions de dictateur. Mais ce dictateur, par son caractère sacerdotal, était soumis à la discipline de l'Église catholique. Aussi bien les profanes ne tardèrent-ils pas à soupçonner que ce petit prêtre, pasteur de foules, et pouvant par la seule pression de celles-ci décider de l'avenir du pays, dans lequel la papauté a son siège, obéissait, plus que n'importe quel chef laïque, aux ordres du Vatican. Ces deux positions équivoques du parti populaire à son origine, à l'égard de la guerre et vis-à-vis du Vatican, devaient être exploitées fatalement par des adversaires menacés. Mais au moment où il venait de surgir, tout cela restait dans l'ombre. Et le nouveau parti enrôla, à la fois, les travailleurs chrétiens et les éléments bourgeois, conservateurs et nationalistes. Les premiers reconnaissaient, en lui, un nouveau juge redoutable qui, à côté du parti socialiste, venait demander compte, aux vieux politiciens libéraux, de leur longue domination, faite de corruption et d'exploitation égoïste et intéressée des énergies nationales. Les seconds le saluaient comme une ancre de salut, comme le radeau que le destin, bienfaisant, leur offrait pour les sauver du naufrage.

CHAPITRE V

C'est en récoltant, sur le terrain électoral, les fruits de ce double courant d'espoirs contradictoires, que le parti populaire italien réussit à obtenir, le 16 novembre 1919, la moisson superbe et inattendue de cent députés à la Chambre italienne. Entre la poussière des anciens partis libéraux et la force compacte de cent cinquante-six députés socialistes, naturellement, le rôle d'arbitre, à Montecitorio, lui échouait.

Mais ce rôle fut, aussitôt, rendu impossible par les conditions nouvelles dans lesquelles la Chambre dut délibérer dès ses premiers jours. Parmi les cent cinquante-six députés socialistes, une minorité, assurément, était en communion absolue d'esprit avec les gens de Moscou. Les autres, intellectuels ou bourgeois, dévoyés ou praticiens du syndicalisme, cachaient, dans le fond de leurs esprits, des tendances de modération et de sagesse. Il y avait certainement un abîme entre M. Turati, le doctrinaire aux larges vues de la *Critica Sociale*, et M. Bombacci ou M. Barberis, reproductions des jacobins les plus étroits de la Convention. C'était cependant la petite minorité, composée par ces derniers, qui menait tous les autres. C'était elle qui avait dicté au parti la formule avec laquelle il avait pu gagner la bataille électorale. Cette formule consistait dans l'annonce de la révolution à courte échéance. On ne devait aller au Parlement que pour obliger la bourgeoisie italienne à signer elle-même sa sentence de mort. Le système parlementaire n'étant dans leur conception, qu'un système périmé, M. Bombacci et ses compagnons ne s'étaient pas gênés pour expliquer à leurs fidèles, dans les meetings électoraux, quelle aurait été l'organisation soviétique appelée à le remplacer.

Avec des dirigeants pareils (M. Bombacci était devenu, entre temps, le chef du bureau exécutif du parti socialiste), on peut s'imaginer aisément ce que devait être le travail du nouveau Parlement. Si M. Nitti nourrissait l'illusion de pouvoir gouverner avec les socialistes unifiés, il dut l'abandonner dès leur entrée à Montecitorio. La plupart d'entre eux, ignorant les plus élémentaires des problèmes financiers et économiques, sous le poids desquels l'État menaçait de faire faillite, les cent cinquante-six socialistes ne pouvaient pratiquer qu'une politique négative. Elle fut inaugurée le 1er décembre, jour d'ouverture, par une violente démonstration antimonarchiste à l'entrée du roi, venu à Montecitorio pour prononcer le discours du trône. Et l'œuvre de sabotage du Parlement, dès le lendemain, commença.

Pas une des nombreuses réformes formulées par le parti populaire et par quelques-uns des groupes libéraux ne put aboutir. Les séances tumultueuses furent la règle. Rares celles où des douzièmes provisoires, pour permettre à l'État de payer ses fonctionnaires, purent être approuvés. Les débats finissaient par n'être rien d'autre que des discussions sur les excès qui continuaient à se produire au dehors, car, d'un bout à l'autre de l'Italie, soit par l'effet de la propagande électorale des socialistes, ainsi que de leurs triomphes dans les élections générales, soit par la fascination de plus en plus intense que la Russie soviétique exerçait, à travers les apologies de la presse socialiste sur les esprits, l'organisation des Soviets commença à s'ébaucher ouvertement, aussi bien dans l'industrie que dans l'agriculture, là surtout où les rapports entre les patrons et les ouvriers, par les difficultés économiques croissantes, étaient devenus plus tendus. Or, il faut le reconnaître, devant la marée montante, une seule force s'essayait à résister, soit au Parlement, soit au dehors : la force du parti populaire. Plus d'une fois les murs de Montecitorio ont vu se dérouler des mêlées sanglantes entre l'extrême gauche et le centre populaire, tandis que les éléments siégeant sur les autres bancs s'évadaient de la salle ou restaient impassibles. Et dehors, partout où les deux armées syndicales, la blanche et la rouge, s'affrontaient, on en était arrivé à ce point que, parmi les conditions établies dans les contrats qui se passaient entre les syndicats blancs et leurs organisateurs, il y en avait une essentielle : l'obligation d'une assurance sur la vie en faveur des familles de ces derniers. Don Sturzo avait raison lorsque, dans la campagne électorale, à Rome, en octobre 1920, dans un discours prononcé à l'Augusteum, il s'écriait : « Nous aussi nous avons nos martyrs ! »

Essayons de tirer de l'histoire, écrite au jour le jour, le tableau de l'agitation que l'entrée des éléments bolcheviques à la Chambre ne devait pas arrêter.

Entre le mois d'avril 1919 et le mois de septembre 1920, c'est un crescendo d'agitations, de troubles, de grèves, de bagarres sanglantes. En avril 1919, c'est la grève générale, proclamée dans toute l'Italie parce que l'organisation d'une manifestation en l'honneur de Lénine a été défendue : des batailles se déroulent à Milan entre les anarchistes et la troupe : la grève dure plusieurs jours. Elle est sur le point de cesser lorsqu'un assaut, déclanché par un groupe antisocialiste — des fascistes de la première heure — contre le bureau de l'*Avanti*, l'organe des socialistes, la fait rebondir.

Le mois de mai s'ouvre avec de nouvelles grèves. Au mois de juin, grève générale à Turin pour commémorer Rosa Luxembourg, assassinée en Allemagne. Le mois suivant, l'agitation contre le renchérissement des prix des vivres reprend avec un caractère de pillage généralisé. Dans la vallée du Bisanzo, une petite république soviétique est proclamée. Tumultes et pillages à Milan, Bari, Messine, Gênes, Savone, Naples, Rome, Venise, Pérouse, Tarente, Catane : partout des morts et des blessés. Le 12, un essai de régime communiste est tenté, après une révolte à Sestri Ponente : il échoue deux jours après. Les attaques contre les officiers portant un uniforme sont devenues des épisodes ordinaires ; aussi bien, une circulaire secrète du ministre de la Guerre aux chefs de corps d'armée de certaines provinces invite les officiers à s'abstenir de se promener en uniforme dans les rues. En attendant, comme pour donner une compensation aux passions antimilitaristes des masses, une commission d'enquête sur les responsabilités de la débâcle de Caporetto rend publiques ses conclusions : celles-ci dénoncent et condamnent les méthodes de justice sommaire employées contre les soldats récalcitrants par le général Cadorna et ses collaborateurs, au cours de la guerre, sur le front...

· Le 30 août et les jours suivants, toute une série d'attentats anarchistes éclate à Milan. Et, le 2 septembre, un décret d'amnistie gouvernementale vient rendre la liberté aux déserteurs. Dans les campagnes, l'agitation devient aussi intense que dans les villes. Après plusieurs grèves partielles, une grève générale est proclamée dans les régions de Novare et de Vercelli, parmi les cultivateurs de riz.

Intermezzo d'autre nature : le 13 septembre, Gabriele d'Annunzio, à la tête des légions de ses *Arditi*, démobilisés après la guerre, mais qui étaient restés à attendre à pied d'arme, depuis l'armistice, de nouvelles aventures, entre à Fiume. La bataille électorale s'ouvre en même temps. Les meetings offrent partout une occasion à la propagande rouge de s'intensifier. En octobre, nouveau geste tendant à apaiser les foules ; le roi Victor-

Emmanuel annonce solennellement qu'il cède la plupart de ses propriétés et de ses parcs à l'État et il renonce à une partie de sa liste civile. Les élections ont lieu le 16 novembre avec les résultats qu'on connaît. Le lendemain, au milieu des manifestations de joie des socialistes à Milan, où la tentative électorale du premier noyau fasciste a échoué, une bombe fait explosion, blessant plusieurs personnes. La foule se rue, saccageant le siège du Fascio et des conflits éclatent avec la troupe. Il y a de nouveaux blessés. Grève générale. On perquisitionne au *Popolo d'Italia*, le journal de M. Mussolini. M. Mussolini et deux de ses collègues sont arrêtés et emprisonnés : on les libère cependant quelques jours plus tard. Ils restent accusés de complot contre l'État.

A Rome, siège du gouvernement et de l'organisation nationaliste qui tâche de reprendre ses forces, une manifestation est ébauchée dans les rues contre les députés bolcheviques ; quelques-uns d'entre eux sont frappés. La réponse ne tarde pas : une nouvelle grève générale est proclamée. Elle prend, à Mantoue, le caractère d'un véritable mouvement révolutionnaire. A Monteciterio, l'accord entre socialistes et communistes, formant un seul et unique parti, ne se dément pas. Et c'est un député socialiste, Modigliani, qui, le 17 septembre, annonce, aux applaudissements frénétiques de ses camarades, la proclamation, imminente, de la République italienne. Des fonctionnaires de l'État suivent joyeusement le mouvement. Le 20 janvier 1920, pendant que la grève des postiers et des télégraphistes dure et s'étend, une grève sur les chemins de fer éclate : le gouvernement réussit à tenir tête ; il est aidé par l'organisation blanche des cheminots, adhérents au parti populaire. Des cheminots grévistes sont révoqués et remplacés par des blancs ; mais, quelques jours plus tard, le travail est repris ; les cheminots révoqués sont réintégrés. Poussé jusqu'au bout sur les chemins des concessions, le gouvernement fléchit. Il en arrive à déplacer les cheminots blancs qui l'avaient aidé à gagner la partie.

Après cela, toute idée de résistance, de la part de l'État, devient chimérique. Le vieux leader anarchiste, Henri Malatesta, rentré en Italie après un long exil, est arrêté et puis remis en liberté sous la menace d'une grève générale. Le tribunal de Reggio Emilia condamne à des peines légères quatre-vingts cheminots grévistes, convaincus de sabotage : le gouvernement s'engage à les laisser en liberté. Les grèves générales ne se comptent plus, ainsi que les conflits, les chasses aux officiers, aux automobiles de luxe, désordres de toute nature. On se bat même autour des horloges des clochers pour empêcher le changement de l'heure légale (1). Quelques épisodes de plus en plus graves, comme la constitution d'un régime soviétique en Carnie, le 21 mai, et l'insurrection à la Spezia viennent témoigner à quel point s'est accrue la nervosité de ces foules auxquelles l'inauguration de la république bolchevique d'Italie a été annoncée comme ne dépendant plus désormais que de la volonté des agitateurs.

Lorsque M. Giolitti remplaça M. Nitti, abandonné de tous les partis, l'heure de la transformation bolchevique de toute l'Italie parut être sonnée. L'occupation des fabriques industrielles devait en être le premier pas.

____

(1) L'heure légale n'a pu être établie dans la plupart des communes administrées par les socialistes.

CHAPITRE VI

LA CRISE INDUSTRIELLE
PRODUCTEURS ET SPÉCULATEURS

L'industrie métallurgique italienne, dépourvue de charbon et de minerai de fer, ne pouvait, avant 1914, vivre et même exporter que grâce au bon marché de sa main-d'œuvre. La guerre détermina un développement formidable des établissements sidérurgiques et mécaniques. Des grandes sociétés augmentèrent, d'une façon démesurée, leur capital. D'autres distribuèrent, à leurs actionnaires, sous forme d'actions supplémentaires, les bénéfices réalisés. Des sociétés nouvelles, alléchées par ces résultats, se multiplièrent de tous côtés. L'opinion se répandit que toutes ces industries avaient tiré de la guerre des bénéfices supérieurs, à ceux qui avaient été réalisés par d'autres classes. Les journaux socialistes purent signaler, sans être démentis, des sociétés qui, au sortir de la guerre, avaient réalisé des bénéfices égaux à 225 pour 100 du capital investi. Il était naturel que la première pensée des ouvriers, témoins de ces résultats, fût d'exiger l'augmentation de leurs salaires, même si le renchérissement de la vie n'était venu justifier leurs prétentions. Assurément les salaires étaient insuffisants. L'avilissement de l'argent et le renchérissement de tous les objets découlait du fait que l'Italie était importatrice, que son change était fort bas, que sa production avait diminué. Mais, précisément pour ces mêmes causes, l'industrie italienne, qui avait le plus progressé pendant la guerre, souffrait âprement de la pénurie de charbon et de fer. Or, c'est au moment où s'annonçait une crise que la demande d'augmentation des salaires devenait plus impérieuse que jamais (1).

Ainsi que nous l'avons dit, les industriels qui participaient à cet état général de passivité peureuse dont la bourgeoisie tout entière s'était trouvée atteinte, devant les premiers remous de la marée révolutionnaire, après quelques essais de résistance, cédèrent en bloc à la menace concordante de toutes les organisations syndicales. En février 1919, les grandes sociétés métallurgiques et la Fédération générale des ouvriers métallurgistes rouges, suivies peu après par le Syndicat métallurgique blanc, signèrent un contrat collectif qui fixait à quarante-huit heures par semaine la durée du travail, réglementait les salaires de base, les indemnités pour les heures supplémentaires et établissait, dans chaque usine, une commission intérieure, chargée de surveiller l'exécution du contrat. Une convention semblable fut imposée, par les ouvriers d'autres corporations, à leurs patrons.

Des conflits ayant surgi au sujet de l'interprétation de ce premier document, de nouvelles concessions (entre autres le versement d'une indemnité en cas de renvoi) furent accordées. Mais la situation générale de l'industrie, devenue rapidement de plus en plus mauvaise, obligea les industriels à limiter l'activité de leurs usines. Alors, l'exécution du contrat collectif de travail, conclu en février 1919, devint problématique. Une grève générale éclata dans toutes les industries métallurgiques : 300 000 ouvriers chômèrent. L'agitation se termina par la victoire des ouvriers, auxquels les industriels durent accorder des augmentations variant de 50 à 100 pour 100. Il faut dire que le gouvernement de M. Nitti était intervenu pour obliger les patrons à céder.

(1) Les conditions de l'industrie italienne à cette époque ont été décrites en France, par M. L. HAUTECŒUR dans sa brochure : *l'Occupation des fabriques en Italie*. Paris, 1920.

Dans l'atmosphère d'excitation dans laquelle ils vivaient, les ouvriers ne pouvaient borner là les résultats d'une victoire qui leur avait découvert la faiblesse excessive de leurs patrons. Aussi bien, les idées bolcheviques, tendant à la transformation du régime des fabriques et du régime du travail en général, trouvèrent des adeptes enthousiastes dans les syndicats.

Un organisme, créé pendant la guerre, au sein des fabriques, semblait tout indiqué pour fournir la plate-forme nécessaire pour aboutir à une réduction progressive et ensuite à l'abolition de l'autorité patronale. Cet organisme était « le conseil d'usine ». Pendant la guerre, les patrons, pour obtenir le maintien de la discipline parmi les ouvriers, avaient constitué ces conseils, en choisissant, dans chaque atelier, des chefs jouissant de la confiance de leurs camarades. L'armistice étant arrivé, les ouvriers demandèrent et obtinrent que les membres de ces conseils ne fussent plus choisis par les patrons, mais élus par eux-mêmes. Les patrons résistèrent d'abord à cette prétention, puis cédèrent en partie ; ils consentirent à transformer les conseils des usines en organes de contrôle, pour l'exécution des pactes intervenus entre eux et les ouvriers. Mais les théories bolcheviques en matière d'industrie, vulgarisées particulièrement par un groupe nouveau de doctrinaires, rassemblés à Turin autour du journal *l'Ordre nouveau*, exigeaient encore mieux : que ces conseils d'usines puissent jouer un rôle, non seulement de contrôle, mais de gestion.

Des dissensions éclatèrent autour de cette revendication entre les chefs de la Fédération rouge, plutôt modérés, et ceux de l'Union syndicale italienne à tendances plus extrémistes, et le déclanchement du mouvement en fut retardé. On commença par des gestes sporadiques : tout d'abord, à Bergame, en avril 1919, les ouvriers des usines Franchi et Gregori essayèrent de mettre à la porte leurs patrons. Le succès fut bref ; les ouvriers furent obligés de céder à la force. Bien plus important fut, en février 1920, l'action des ouvriers des usines Ansaldo à *San Pier d'Arena*. En réponse à une menace de lock-out de la part de leurs patrons, ils s'emparèrent des bâtiments et nommèrent des conseils de gestion. Aussitôt, en Ligurie, à Naples, à Turin, d'autres cas semblables se produisirent. Mais le mouvement n'était pas mûr. Après avoir soutenu, dans quelques endroits, de véritables sièges, les ouvriers laissèrent, pour le moment, rétablir le *statu quo*. Par un accord auquel contribua un discours de M. Bombacci, le chef bolchevique, déclarant que le moment de la révolution n'était pas encore venu, les ouvriers et les patrons négocièrent un accord. Mais la propagande pour la transformation des conseils ne s'arrêta pas pour cela.

Elle fut singulièrement aidée par les grands industriels eux-mêmes ou, pour être plus exact, par l'audace du groupe le plus agissant et le plus puissant parmi eux, le groupe Ansaldo. Ici, se place l'épisode qui a été raconté dans des journaux italiens sous ce titre significatif : *Escalade des banques*. Il s'agit de l'assaut organisé par les dirigeants des usines Ansaldo, les frères Perrone, contre la Banque commerciale, la plus forte du groupe des grandes banques de la péninsule, pour s'en emparer.

La Banque commerciale avait été fondée, il y a quelque vingt-cinq ans, avec des capitaux en grande partie allemands, par un istraélite allemand, M. Otto Jöel, qui, mort à la veille de la guerre, eut comme successeur son neveu, M. Tœpleitz, qui administre aujourd'hui encore cet institut. La pénétration économique si large et si puissante de la finance allemande, en Italie, avait été organisée par la Banque commerciale. Pour la concurrencer, en 1914, s'était constituée la Banque italienne d'Escompte dans laquelle, malgré la présence de personnalités de premier ordre dans le conseil, les véritables maîtres étaient les frères Pio et Mario Perone, directeurs de l'usine Ansaldo, et dont la fortune, en 1920, était estimée à plus de 700 millions.

Les frères Perrone ont joué un rôle qui n'est pas à négliger dans la politique italienne. Amis de M. Nitti, ils avaient mis à sa disposition un certain nombre de journaux financés par eux. Pendant un certain temps, M. Nitti dut se défendre, à la Chambre, contre ses adversaires qui l'accusaient d'avoir, par une série de mesures, favorisé les opérations des Perrone et augmenté leur fortune. Il est exact en effet que, sous le ministère Nitti, les Perrone purent lancer, par l'entremise de la Banque italienne d'Escompte, un emprunt de 500 millions, destiné au développement de leurs usines de matériel de guerre, opération qui reçut l'appui officiel du gouvernement italien. Cela se passait dans les premiers mois de 1918.

Peu après l'armistice, soit pour écarter les accusations et les soupçons formulés par ses détracteurs, soit pour d'autres raisons, M. Nitti sembla se tourner du côté de la concurrente principale de la Banque d'Escompte. Cette évolution se manifesta bien clairement par le choix que fit le chef du gouvernement des représentants de son pays dans les commissions économiques et financières de la Conférence de la paix. Dans la principale de ces commissions, les délégués de l'Italie appartenaient tous à la Banque commerciale. Inutile, d'ailleurs, d'aller chercher dans les raisons politiques les motifs qui poussèrent un beau jour les frères Perrone, principaux actionnaires de la Banque d'Escompte, à essayer de s'emparer de la Banque commerciale. Ils visaient, ainsi, à réduire les risques de la Banque d'Escompte, en les partageant avec la banque rivale (1). Une sorte d'armistice fut conclu en janvier 1919, mais en 1920, à la veille du renouvellement du conseil

---

(1) Les capitaux de la Banque d'Escompte, avaient été, en grande partie, immobilisés dans des entreprises assez hasardeuses.

d'administration de la Banque commerciale, le conflit devint plus aigu. Les Perrone avaient réussi à s'emparer de 200 000 actions de la Banque commerciale sur un total de 530 000.

Un groupe de 70 000 actions, appartenant à des banquiers allemands, étant à vendre, la bataille se concentra autour de cet achat. Les frères Perrone réussirent à s'en emparer, en l'arrachant à un autre groupe, dirigé par M. Marsaglia, accusé, par les journaux à la dévotion des Perrone, de vouloir consolider l'autorité des Allemands sur la Banque. Le groupe Marsaglia réussit à faire voter l'émission de 80 000 actions nouvelles, avec lesquelles il se flattait d'obtenir la majorité.

Cette bataille à coups de millions se déroulait sous les yeux du grand public, renseigné abondamment par les polémiques très violentes, engagées, dans les journaux, entre les combattants. Les journaux à la dévotion des Perrone poussaient l'opinion à prendre position contre la nouvelle invasion allemande. Les autres dénonçaient comme un danger pour l'économie italienne cette *scalata alle banche* qui aurait permis aux Perrone de mettre la main sur une masse énorme de capitaux des petits épargnants pour les jeter, après tant d'autres, dans leurs entreprises.

L'effet que ce scandale produisit sur les masses ouvrières et principalement sur les ouvriers métallurgistes, plus directement intéressés aux gestes des Perrone-Ansaldo, peut se comprendre aisément. Le patronat industriel, déjà gravement atteint par le fait des bénéfices considérables qu'il avait tirés de la guerre, grâce surtout à la large protection que l'État lui avait accordée, acheva de perdre toute autorité morale. Sans doute, les manœuvres des industriels génois et de leurs associés avaient des excuses. Il s'agissait de faire face à la crise profonde qui les menaçait particulièrement, car, sous la poussée de la diminution des changes, les matières premières, presque toutes importées, avaient fortement renchéri en même temps que la main-d'œuvre elle-même. Ajoutez que les marchés étrangers, fermés à la production italienne depuis la guerre, par suite de la crise générale, tardaient, contre les prévisions, à s'ouvrir. En outre, la concurrence allemande, plus redoutable pour les industries métallurgiques que pour les autres, s'était réveillée. Suprême avatar, à M. Nitti qui, malgré ses variations, restait favorable à une politique de production industrielle, succédait maintenant M. Giolitti, fidèle aux conceptions anciennes de la supériorité de l'agriculture sur l'industrie dont il avait toujours considéré les efforts avec dédain et à laquelle il était décidé, en tout cas, à refuser sévèrement les faveurs de l'État. Malheureusement les ouvriers ne comprenaient point ces difficultés. Dans l'âpre lutte engagée entre les gros producteurs et les gros spéculateurs, ils ne voyaient qu'une bataille immorale de requins insatiables qui, après avoir amassé des millions, prétendaient les multiplier, en même temps qu'ils refusaient, à leurs collaborateurs, les reliefs du banquet.

Et la propagande bolchevique, au milieu des ouvriers des fabriques, exploita efficacement une situation qui fournissait une justification nouvelle et éclatante aux revendications principales des syndicats, concernant le contrôle direct sur la gestion patronale dans les fabriques et leur participation à cette gestion. Communes aux deux masses syndicales principales, — la rouge et la blanche, — ces revendications divergeaient sur les suites à leur donner. Car tandis que les syndicats blancs désiraient aboutir, dans une seconde phase, à la participation des ouvriers aux bénéfices industriels, les syndicats rouges proclamaient nettement qu'il s'agissait, par là, d'arriver rapidement à la socialisation de l'industrie, première colonne de l'édifice soviétique.

M. Giolitti venait à peine de monter au pouvoir lorsque le mouvement décisif pour la prise de possession des fabriques se déclancha.

CHAPITRE VII

L'OCCUPATION DES FABRIQUES : LA DÉBACLE COMMUNISTE

Le 25 juillet 1920, la Fédération des ouvriers métallurgistes formait un front « unique » avec l'Union syndicale, extrémiste, pour entamer, avec les représentants des patrons, des négociations dans le but de chercher à améliorer les rapports des ouvriers avec eux. Les industriels ayant répondu par une fin de non-recevoir, affirmant que les industries, déficitaires pour la plupart, ne pouvaient envisager de nouveaux sacrifices, un « comité d'agitation » du bloc rouge lança le mot d'ordre : « Si les industriels ne donnent pas satisfaction aux desiderata qui leur ont été soumis, la grève perlée commencera dans les usines ». En attendant, les ouvriers refusaient, partout, d'accepter des heures supplémentaires. Le premier groupe patronal entré en lutte avec les ouvriers fut celui de Perrone-Ansaldo. Dans les fabriques de Cornegliano, appartenant à cette société, le personnel ayant protesté contre le congé donné à un certain nombre d'ouvriers, le lock-out fut proclamé. L'agitation s'étendit aux aciéries Ansaldo de Campi. Elle put être arrêtée et résolue par un accord provisoire.

Le 29 juillet, l'Association patronale des industries mécaniques et métallurgiques entrait en pourparlers avec les représentants des organisations ouvrières dans le but de leur exposer la mauvaise situation des entreprises industrielles.

On discuta pendant trois semaines.

Lorsqu'on se sépara, toute entente avait été reconnue impossible : c'était la rupture. L'ordre de grève perlée fut lancé par les représentants de la Fédération rouge des métallurgistes et par la Confédération générale du travail. Elle devait commencer le 20 août.

La consigne était simple : si, pour répondre à l'agitation des ouvriers, les industriels décidaient de recourir au *lock-out*, en fermant leurs usines, les ouvriers y pénétreraient par tous les moyens et y travailleraient pour leur propre compte, en prenant possession des machines.

L'heure semblait véritablement favorable. La direction du parti socialiste qui s'était tenue jusque-là à l'écart, préférant laisser agir les organisations ouvrières, lançait un manifeste dans lequel il était dit : « Partout, on peut prévoir la chute du régime capitaliste. » Et elle invitait le prolétariat à se méfier des dernières tentatives de sauvetage du patronat « qui parle maintenant de collaboration et de fraternité ». De Moscou, par l'entremise du député Graziadei, revenant de là-bas, Lénine envoyait un message bénisseur. Du 20 au 30 août, la grève perlée fut pratiquée avec un élan qui devint général. Une chasse en règle fut organisée par les rouges contre les *kroumirs* : c'est ainsi qu'on appelait les ouvriers appartenant aux syndicats blancs qui, trouvant le mouvement dangereux par ses buts avoués, avaient refusé de s'y associer. La production diminua partout ; plusieurs industriels paraissaient impatients d'en finir, mais le bureau de leur Confédération publia toute une série d'avertissements sérieux pour défendre aux patrons adhérents de proclamer le *lock-out* sans avoir consulté l'association. Bien plus impatients étaient les ouvriers : contre les instructions même de leurs chefs, les syndiqués rouges de plusieurs fabriques commencèrent à pratiquer le sabotage.

Le 28 août, la maison Romeo de Milan, après avoir dénoncé publiquement les sabotages opérés sur une large échelle par ses ouvriers, sans plus attendre, proclama le *lock-out*. Le jour même, la Fédération rouge, rappelant sa menace du 19 août, sous le prétexte que d'autres maisons étaient prêtes à suivre l'exemple de la Société Romeo, ordonna aux ouvriers de prendre possession des usines.

Le 31 août, 280 établissements métallurgistes étaient occupés à Milan et dans les environs. Le 1er septembre, l'occupation s'étendait aux fabriques du Piémont. Puis, l'exemple fut suivi dans toute l'Italie. Pas de résistance sérieuse, pas même un essai d'intervention gouvernementale. M. Giolitti, qui avait quitté la capitale pour sa villégiature de Bardonecchia, semblait tout à fait décidé à laisser faire. Les protestations des industriels, le chœur de la presse conservatrice contre cette violation flagrante des principes de propriété ne réussirent pas à faire sortir le gouvernement de son indifférence. A peine se décidat-il, quelques jours plus tard, à charger les préfets de Milan et de Turin de provoquer de nouvelles rencontres entre les chefs de l'organisation rouge et les leaders de l'association patronale, pour tâcher d'amener une transaction. Mais à la première invitation à causer, les chefs ouvriers répondirent par un non dédaigneux : ils étaient à l'intérieur de la place et ils la gardaient. Décidément les extrémistes les dominaient. Tout élément modéré et raisonnable semblait étouffé. Installés dans les établissements, après avoir mis à la porte les directeurs qui n'avaient pas voulu se désolidariser de leurs patrons, les ouvriers commencèrent partout à employer les stocks de charbon et de matière première que les patrons n'avaient pas eu le temps de déménager. L'ivresse de la socialisation leur faisait voir la tâche nouvelle comme la plus facile, la plus heureuse.

Leur première préoccupation dut être d'organiser la défense des usines pour le cas d'une attaque armée des soldats ou des gendarmes. Ce fut le côté le plus pittoresque des descriptions des reporters des journaux admis à pénétrer dans les fabriques. Partout, il y avait des gardes rouges. Les fabriques de canons et de fusils se chargeaient de leur distribuer des armes. Sur toutes les fabriques, flottait le drapeau rouge des Soviets. Une discipline sévère assurait les tours des équipes de travailleurs.

La presse bourgeoise même ne savait pas se défendre d'exalter le spectacle. Le refus que les patrons métallurgistes, appuyés par une déclaration de la Confédération générale industrielle, parlant au nom de tout le patronat italien, opposèrent à une dernière sommation de la Confédération générale du travail, parut donner, aux occupants, des forces nouvelles pour continuer leur travail de socialisation sans bornes.

A Rome, à la place de M. Giolitti, absent et silencieux, son ministre du Travail, M. Labriola, affirmait ceci : « Le régime capitaliste ne peut plus donner tout ce qu'on réclame de lui. Il importe aujourd'hui de trouver les solutions provisoires qui préparent le régime nouveau. » L'organe des extrémistes, *l'Ordine nuovo* de Turin, commentant cette interwiew, pouvait écrire : « Que M. Labriola ne se tracasse pas, ce régime nouveau les ouvriers l'ont déjà instauré, tout marche à merveille. »

C'était, en effet, ce que croyaient les masses naïves. La vérité était bien différente. C'était vers l'échec le plus retentissant des tentatives de socialisation de l'industrie qu'on marchait à grands pas. Les obstacles auxquels les ouvriers s'étaient heurté, dès le premier moment, pour organiser la production, malgré toutes les précautions, prises pour les cacher au public, furent vite connus. D'abord, les employés comptables et les ingénieurs, résistant à toutes les menaces, suivant l'exemple des directeurs, n'avaient pas voulu rester dans les usines après le départ des patrons. Dans quelques villes, on essaya de les séquestrer, de les enlever même de leurs maisons par des rapts romanesques. Mais il fallut reconnaître qu'il était impossible d'atteindre le but par de pareilles fantaisies. On adopta alors la méthode douce : on négocia avec l'Association nationale des ingénieurs : peine perdue. Dans une assemblée tenue à Rome, ceux-ci déclarèrent qu'ils n'étaient pas plus au service des ouvriers qu'au service des industriels et qu'ils ne pouvaient pas collaborer avec des organisations qui avaient porté atteinte à la liberté individuelle et qui ne reconnaissaient pas le rôle de l'intelligence.

Autre difficulté : les stocks de combustibles s'épuisaient. Les matières premières, employées sans aucune économie les premiers jours, commencèrent à manquer partout. Un détail suffira : dans les usines de Conegliano, appartenant à la maison Ansaldo, pour obtenir une tonne de fonte, il fallut trois fois plus de houille qu'auparavant. Difficulté plus grave encore : l'absence de capitaux, car très peu d'argent liquide avait été trouvé dans les coffres-forts des industriels, habitués à traiter leurs affaires par le moyen de crédits dans les banques. Quelques-unes de celles-ci, soit par peur, soit même par la persuasion que ce régime allait durer, ne refusèrent pas d'ouvrir des comptes aux ouvriers. Le siège d'Ancône de la Banque d'Escompte versa, par exemple, le 3 septembre, 10 000 lires aux « commissions internes » des fabriques locales. Mais que faire d'aussi faibles sommes ? Il fallait vivre. On crut pouvoir résoudre ce problème essentiel, en fabriquant des bons de 10 et de 20 francs à valoir sur les salaires futurs. Dans la plupart des villes, les commerçants les refusèrent. En même temps, pour empêcher l'arrêt de la fabrication dans les usines, où les matières premières manquaient, les chefs de l'agitation décidèrent de faire procéder à des nivellements entre les divers établissements. Et l'on vit, sous les regards tranquilles des gendarmes, des matières premières d'un établissement, chargées, expédiées et déchargées dans une autre ville : les cheminots qui avaient affirmé leur solidarité avec les métallurgistes assuraient la rapidité des opérations.

C'étaient là des palliatifs. Il fallut bientôt, dans plusieurs fabriques, commencer à vendre, à bas prix, non seulement les objets fabriqués, mais l'outillage même. Or, malgré les prix, les acheteurs manquaient.

Ce qui devait arriver, arriva. Dans les réunions des comités d'agitation de la Fédération rouge des ouvriers métallurgistes, aussi bien que dans les conseils directeurs de la Confédération générale du travail, les seuls éléments qui avaient dominé jusqu'ici avaient été les partisans de la lutte à fond. Maintenant, devant les rapports, de plus en plus nombreux, arrivant des fabriques, où les complications étaient devenues inextricables, les éléments modérés, les partisans d'un accord raisonnable avec les patrons reprenaient rapidement le dessus. Un mouvement parallèle se dessinait dans le groupe parlementaire. La fraction modérée, ayant M. Turati à sa tête et qui, depuis les dernières élections, n'avait jamais osé affirmer publiquement ses conceptions, discordantes de celles des bolcheviques, dominant le parti, publia un manifeste pour dénoncer « les appétits égoïstes déchaînés par une périlleuse démagogie ».

Des intermédiaires officieux n'avaient jamais cessé de travailler pour éviter le pis. Grâce aux déceptions des ouvriers, leurs suggestions, stériles jusqu'à présent, commençaient à être entendues. Le 16 septembre, la résistance des ouvriers avait cessé puisque les délégués de leurs organisations consentaient à se trouver à Turin pour être reçus par M. Giolitti. On discuta, sous l'égide du chef du gouvernement, pendant trois jours. Le 19 septembre, les principes d'un accord avaient été établis. Les ouvriers rendaient les fabriques aux patrons. En échange d'une promesse, faite par M. Giolitti, de faire voter au Parlement une loi, organisant l'admission des ouvriers au contrôle technique et financier, ils renonçaient à réaliser la socialisation de la production. Le 21 septembre, la débâcle était complète. Les métallurgistes des syndicats rouges, réunis, acceptaient, par 148 940 voix, la capitulation, négociée par des modérés. Les extrémistes qui prétendaient continuer l'agitation, en maintenant l'occupation des fabriques, ne réunirent que 42 140 voix. Une semaine plus tard, le 27 septembre, la Confédération générale du travail appelait les organisations des autres branches de l'industrie à se prononcer à leur tour. Malgré la pression violente exercée par les extrémistes, malgré les coups de force qui eurent lieu dans certaines usines, les ouvriers se rallièrent, en très grande partie, aux formules de conciliation.

La remise des usines aux industriels eut lieu, presque sans incident, dans les premiers jours d'octobre.

Le coup fut mortel pour l'influence des extrémistes sur les masses ouvrières. Après avoir annoncé l'apogée révolutionnaire par l'occupation victorieuse des fabriques, leur déchéance apparut, soudaine, inéluctable. L'on ne tarda pas à constater que le mythe russe n'échauffait plus les esprits. Les membres de la mission socialiste qui étaient allés à Moscou au mois de juillet précédent, et qui, rentrant en Italie, s'étaient bien gardés, par peur des extrémistes rouges, de raconter leur profonde déception, ayant retrouvé leur courage, parlaient et proclamaient l'erreur énorme qu'avait été, en Russie, l'application des doctrines de Lénine. Aux interwiews que donna, dans ce sens, aux journaux, M. d'Aragona, secrétaire général de la Confédération générale du travail, s'ajouta la publication d'un réquisitoire, bien plus efficace : le rapport documenté que deux chefs de l'organisation métallurgique, MM. Colombino et Pozzani, lancèrent dans un volume dans lequel était décrite la destruction, accomplie par les bolcheviques, de toute l'énorme machine de la production. De Moscou, l'ordre arriva d'expulser les accusateurs des rangs du parti qui avait donné son adhésion à la Troisième Internationale. Un message de Zinovieff vint dénoncer à la vengeance des ouvriers italiens les chefs de la Confédération du travail qui, en conseillant l'abandon des fabriques, avaient, disait-il, « saboté la révolution ». C'étaient des foudres en papier. Personne ne s'en soucia. Des expulsions commencèrent à être prononcées, mais nullement celles que voulait Zinovieff. En renouvelant leurs bureaux, les fédérations des syndicats les plus importants écartèrent, partout, ceux de leurs chefs qui, sourds, aveugles, s'obstinaient encore dans l'erreur communiste. A Reggio Emilia, la majorité du groupe parlementaire socialiste, réunie autour de Turati et de Prampolini, retrouvait, elle aussi, le courage qui, depuis le mois de novembre 1919, lui avait manqué. Dans un ordre du jour aux formules nettes et claires, elle se désolidarisait des éléments bolcheviques qui l'avaient guidée et dominée jusqu'alors.

Le congrès national du parti socialiste, convoqué à Livourne en janvier 1921, ne fit que sanctionner l'état des choses résultant de cet état d'esprit nouveau. Sous le vent de la réaction, agissant à l'intérieur même du parti socialiste, et malgré les menaces formulées par un délégué de Moscou, intervenu au Congrès, l'expulsion en masse des communistes fut décidée par une majorité écrasante. Dans la nouvelle orientation du parti, les modérés reprenaient définitivement le dessus. Turati, blâmé, honni tant de fois, dans les deux dernières années, par les siens, fut, à Livourne, le triomphateur.

Les élections municipales qui eurent lieu en octobre et en novembre 1920 avaient rapporté d'autres symptômes : le réveil des forces monarchistes. Le 1er novembre, le bloc des groupes constitutionnels gagnait la bataille à Rome avec 20 000 voix de majorité. Le même jour, il triomphait à Brescia, à Padoue, à Venise. Le 4 novembre, Rome et l'Italie pouvaient célébrer tranquillement, pour la première fois, la victoire militaire de Vittorio-Veneto ; le lendemain, les succès de la veille s'accentuent. Les extrémistes se révèlent en minorité à Gênes, à Turin, à Florence, à Pise, à Parme, à Naples, à Bari, à Palerme.

Le fascisme était absent encore. Sauf à Milan où ses adhérents avaient proclamé officiellement l'abstention, aucune affirmation électorale fasciste ne fut, alors, annoncée nulle part. Cependant, le *Corriere della Sera*, dans un article où les résultats de la réaction électorale étaient judicieusement mis en lumière, pouvait écrire : « C'est un fait aujourd'hui incontestable que, depuis quelques semaines, le pays manifeste les symptômes les plus clairs d'un réveil énergique de sa conscience. » C'était le même journal qui, le 20 septembre 1920, en commentant le retour des fabriques aux patrons, avait constaté ceci : « L'Italie a couru le risque de crever... La révolution ne s'est pas faite, non pas parce qu'il n'y avait personne pour l'empêcher, mais parce que la Confédération générale du travail ne l'a pas voulue. »

Si cette évolution avait pu continuer sans entrave, son aboutissant n'aurait pas été douteux. Les masses, déçues, assagies, éloignées, définitivement et volontairement, des chemins du communisme, rentrées dans les voies de la légalité, auraient pu retrouver la grande route où les valeurs morales qui forment la beauté de la patrie ont leur place. Lasses, après la longue période d'ivresse et d'agitation, ayant senti, à l'épreuve, la vitalité et l'inéluctabilité des lois économiques où le capitalisme trouve sa justification, elles auraient rendu enfin, à l'Italie, cette paix intérieure qui s'était révélée comme étant la seule condition capable de ne pas paralyser le mécanisme de la production. Mais à côté de ces masses, détournées soudainement des voies du bolchevisme et de la révolution, il y avait des groupes puissants d'intérêts lésés, et un flot de passions exaspérées qui attendaient le moment de prendre matériellement leur revanche, qui attendaient, disons le mot : le vengeur. Le fascisme fut ce vengeur.

CHAPITRE VIII

L'ÉDUCATION D'UN DICTATEUR :
BENITO MUSSOLINI

Parler du fascisme sans parler de M. Mussolini serait
un non-sens. Le fascisme ne serait peut-être jamais né, il
n'aurait jamais atteint le développement, les proportions
qui lui permirent de vaincre, si M. Mussolini n'avait pas
existé. L'un et l'autre se confondent comme l'artiste et
l'œuvre sortie de ses mains...

« Il y a vingt-cinq ans, j'étais un petit enfant irritable et
violent. Quelques-uns de mes camarades gardent encore
sur leurs crânes les marques des pierres échappées de mes
mains. Vagabond par nature, je m'en allais toute la journée
le long de la rivière et je volais des nids d'oiseaux et des
fruits. J'allais à la messe. Le Noël de ce temps-là est encore
tout vivant dans ma mémoire. Rares étaient ceux qui
n'allaient pas à la messe de Noël : parmi eux était mon
père. Les arbres et les haies d'épines de la grande route
qui mène à San Cassiano étaient raides et argentés par
la gelée, il faisait froid. Les premières messes étaient pour
les petites vieilles matinales. Lorsqu'on les voyait paraître
au delà de la Piana, c'était notre tour. Je m'en souviens :
je suivais ma mère ; il y avait tant de lumières dans
l'église et, au milieu de l'autel, dans un petit berceau,
enguirlandé de fleurs, le petit Enfant, né pendant la nuit.
Mais l'odeur de l'encens me donnait un trouble qui, quel-
quefois, se traduisait par un malaise insupportable. »

Je détache cette page du journal de guerre de M. Mussolini : rarement, dans les polémiques qui forment les quatre cinquièmes de sa production littéraire, rarement, au cours de sa marche aventureuse, il s'est arrêté pour évoquer le passé, son passé, tranquille et familier.

Cependant, un jour, dans la prison où la police de M. Giolitti l'avait renfermé, lui laissant la possibilité de s'atteler à une tâche moins actuelle, il ramassa ses souvenirs dans une autobiographie dont le public ne connaît encore que quelques rares notes. C'est là qu'il nous faut chercher les traits du dictateur naissant.

« Je suis né, écrit-il dans ces pages, en partie inédites, le 29 juillet 1883 à Varano de Costa, un vieux hameau situé sur une petite hauteur dans le village de Dovia, fraction de la commune de Predappio. Je suis né un dimanche à deux heures de l'après-midi, un dimanche qui était la fête du patron de Camminate, la vieille tour branlante qui, du dernier contrefort des Apennins, descendant jusqu'aux petites collines de Ravaldino, domine, haute et solennelle, toute la plaine de Forli. Le soleil était entré, depuis un jour, dans la constellation du Lion. Mon père s'appelait Alexandre. Il n'avait jamais été à l'école, car, à dix ans, il avait été envoyé dans un village tout proche, Dovadola, pour y apprendre le métier de forgeron. De Dovadola, il était allé à Meldola où il eut la facilité de connaître, entre 1875 et 1880, les idées des internationalistes. Puis, devenu maître de son métier, il ouvrit boutique à Dovia. Ce village, qui était surnommé, comme aujourd'hui encore, « Pizcasa », ne jouissait pas d'une bonne renommée. Il y avait là des gens toujours prêts à se battre. Mon père y trouva à travailler et commença à répandre les idées de l'Internationale. Il fonda un groupe nombreux, qui fut depuis dissous et dispersé par une rafale policière. »

Tel était le père. Voici le fils :

« Entre quatre et cinq ans, j'ai commencé à lire l'A B C D ; je n'ai pas tardé à lire correctement. L'image de mon grand-père s'évanouit dans les temps anciens. J'ai aimé beaucoup ma grand'mère. Mes premières relations commencèrent à six ans. Entre six et neuf ans, je suis allé à l'école d'abord chez ma mère (1), puis chez Silvio Marani, alors instituteur supérieur à Predappio. J'étais un gamin turbulent et batailleur. Plusieurs fois je suis rentré chez moi la tête endommagée par les pierres. Mais j'avais toujours appris à me venger. J'étais un voleur très audacieux, dans les champs. Aux jours de vacances, armé d'une petite sape, en compagnie de mon frère Arnaldo, je passais mon temps à travailler dans la rivière. Une fois, j'ai volé les oiseaux charmeurs d'un filet. Poursuivi par leur maître, j'ai parcouru, au pas de course, tout le dos d'une colline, j'ai traversé la rivière à gué, mais je n'ai pas abandonné ma proie. J'ai fréquenté même la forge de mon père, qui m'employait à manœuvrer le soufflet. Je dois dire mon amour pour les oiseaux et particulièrement pour les chouettes. J'ai suivi aussi les pratiques religieuses avec ma mère, qui était croyante, et ma grand'mère, mais je ne pouvais rester longtemps à la même place, renfermé dans l'église, particulièrement dans les grandes cérémonies. »

Et l'auteur revient ici aux souvenirs de ses Noëls, vécus dans le parfum de la foi naïve de sa mère dont il a parlé ailleurs. Ce fut sa mère qui eut l'idée de le mettre au collège de Forli, tenu par les pères Salésiens.

« Mon père, écrit M. Mussolini, était tout d'abord fortement contraire, mais il finit ensuite par céder. Dans les semaines qui précédèrent mon départ, j'ai été plus diable que d'habitude, je sentais en moi un trouble vague. Je comprenais, d'une façon confuse, que collège et prison étaient presque synonymes. Je voulais vivre, avec volupté, le long des routes, à travers les champs, le long des fossés, parmi les vignobles aux raisins mûrs, mes derniers jours de liberté. Vers la moitié d'octobre, tout était prêt, les vête-

____

(1) La mère de M. Mussolini était institutrice.

ments, le trousseau, l'argent. Je ne me rappelle pas d'aucun sentiment de regret pour mes frères que j'abandonnais. Ma sœur Edvige avait alors trois ans, mon frère Arnaldo en avait sept. Je regrettais une seule chose, je regrettais d'abandonner un petit canari que j'avais dans la cage sous ma fenêtre. A la veille du départ, je me suis querellé avec un de mes camarades ; mais, lui ayant dirigé un swing, au lieu de frapper mon adversaire, j'ai frappé le mur et je me suis abîmé les jointures d'une main. J'ai dû partir avec ma main bandée. A l'heure des adieux, j'ai pleuré. Dans la petite voiture à deux roues, traînée par un âne, ayant pris place à côté de mon père et les valises ayant été mises sous nos sièges, nous nous sommes mis en marche. Deux cents mètres plus loin, l'âne tomba. « Mauvais signe », dit mon père. Mais l'âne ayant été mis debout, nous pûmes continuer notre route. Pas beaucoup de mots pendant le trajet. Je regardais la campagne qui commençait à perdre son vert. Je suivais le vol des hirondelles, les courbes de la rivière... Vers deux heures de l'après-midi, nous frappons à la porte du collège. On nous ouvre. Le censeur, auquel on me présente, m'ayant examiné, dit : « Il doit être un garçon bien vif. » Puis mon père m'a embrassé. Lui aussi était bien ému. Lorsque j'ai senti la grande porte d'entrée se refermer derrière mon dos, j'ai eu une crise de larmes. »

Jusqu'en 1898, rien d'important dans la vie du petit Mussolini. Un coup de canif, donné, dans un accès de colère, à un de ses camarades qui l'avait insulté, provoque son expulsion du collège. Toutes les prières de sa mère pour obtenir qu'on lui pardonnât, furent inutiles. A seize ans, il s'essaya dans la littérature ; il publia un article dans un journal local et des sonnets. Les sonnets lui fournirent un titre pour obtenir, quatre ans plus tard, son diplôme d'instituteur à l'École normale de Forli. Ainsi, à vingt-cinq ans, le voici transformé en éducateur.

C'est à Gualtieri-Emilia qu'il trouva une place. « Gual-

tieri-Emilia, raconte Mussolini lui-même, est un pays sis
sur la rive du Pô entre Guastalla, ville d'une certaine
importance, et Boretto. Le pays se trouve à un kilomètre
environ des rives du Pô, duquel il est séparé par les digues
puissantes sur lesquelles court la route. J'y suis arrivé
par un après-midi nuageux et triste. Quelqu'un m'attendait à la gare. Le même jour, j'ai fait la connaissance des
notabilités du pays, socialistes et conseillers municipaux.
Et je suis entré à ma pension à quarante lires par mois.
Mes appointements d'instituteur se montaient à cinquante-
six lires par mois. Ce n'était pas gai. Le lendemain, j'ai
commencé mon école... L'école municipale se trouvait à
deux kilomètres du pays, dans la fraction de Pieve Soli-
ceta. J'avais une quarantaine d'élèves, tous des natures
assez douces. Je me suis attaché, tout de suite, à eux. La
journée d'école était sans interruption. Mais, à une heure,
les cours se terminaient et je pouvais rentrer chez moi et
disposer à mon gré de mes heures de l'après-midi et de la
soirée. Les premiers jours furent monotones, puis le cercle
de mes relations s'élargit et elles devinrent plus intimes.
On dansait tous les dimanches. Les mois passaient rapides,
les vacances étaient imminentes. Alors, je pris la résolution
d'émigrer en Suisse et de courir ma chance. Je télégra-
phiai à ma mère pour avoir l'argent nécessaire pour faire
le voyage et je reçus, par dépêche, quarante-cinq lires.

« Un soir, je débarquai à Chiasso, en attendant le train
qui devait me porter dans le centre de la Suisse ; j'achetai
le *Secolo* et je fus bouleversé et affligé lorsque, dans une
correspondance, je lus la nouvelle de l'arrestation de
mon père. A Predappio, à Orte, les électeurs socialistes
et leurs alliés avaient brisé les urnes pour empêcher la victoire des cléricaux. L'autorité judiciaire avait émis plusieurs mandats de comparution et, parmi les autres, on
avait arrêté mon père. Cette nouvelle me plaça dans un
dilemme : rentrer ou continuer mon voyage? Je décidai
de continuer ; le lendemain, dans l'après-midi, je quittai

mon train à la gare d'Yverdon, ayant, en tout et pour tout, deux lires et dix centimes dans ma poche. »

Sans prétendre démentir le récit de M. Mussolini, la version que les gens de Predappio donnent de la cause de son départ pour l'exil est légèrement différente. Les urnes électorales avaient été brisées non par son père et par ses camarades, mais par lui-même. Et l'on justifie le geste, car tout le monde se souvient de la façon dont se passaient là-bas les élections. Ceux qu'on appelait les réactionnaires trouvaient, par exemple, le moyen de faire voter, dans deux communes voisines, à Meldola et à Predappio, les électeurs fortunés. Il suffisait de déclarer l'existence de quelque chose, leur appartenant, dans la commune de Predappio, pour que les électeurs de Meldola pussent aller y voter une seconde fois.

En Suisse, la misère noire l'attendait. Il lutta, il chercha et accepta du travail dans tous les métiers ; il fut maçon, peintre, commis, portefaix, terrassier ; peut-être, son métier le plus relevé fut celui de garçon dans une charcuterie de Genève, chez un patron qui ne fut pas peu ému lorsque, vingt ans plus tard, venu en curieux attendre le nouveau président du Conseil italien que devaient rencontrer M. Curzon et M. Poincaré, il le vit fendre la foule et le chercher pour lui donner une chaleureuse poignée de main.

Lorsqu'il chômait, M. Mussolini redevenait étudiant. On trouve son nom dans le registre des auditeurs de l'Université de Lausanne où il réussit à prendre le diplôme de professeur de français. Que de fois, dans l'*Avanti*, M. Serrati, son successeur dans la direction de l'organe socialiste, qui a partagé longtemps son exil, lui a reproché ce titre de professeur de français !

Un jour, après avoir travaillé, comme simple manœuvre, dans un petit village de la Suisse française, pour un salaire de 2 fr. 50 par jour, portant et déchargeant des briques, las, enfin, de son métier, ayant rejeté le sac rouge qui lui servait pour adoucir le choc des charges sur son dos, il se remit de nouveau à voyager, à la recherche d'un autre métier. Le soir, il dut chercher un abri pour passer la nuit sous le pont d'une rivière. Mais l'air était vif et le sol trop dur. Il découvrit, peu loin de là, à la porte d'une imprimerie, une caisse en bois, suffisamment large pour pouvoir y coucher. L'ayant traînée sous le pont, il s'y installa ; il dormait encore lorsque quelqu'un vint le réveiller. C'était un policier qui, sans trop de politesse, entama un interrogatoire. La qualité d'Italien que M. Mussolini déclara, parut intéresser énormément son interlocuteur. Quelques heures après, M. Mussolini entrait dans une prison cantonale, classé comme vagabond sans moyen d'existence avouable et, non sans qu'on ait pris contre lui un arrêté d'expulsion en bonne et due forme, on l'accompagna à la frontière. Le gouvernement suisse, en décembre 1922, se hâta de révoquer cet arrêté lorsque M. Mussolini, devenu président du Conseil, refit le voyage de Chiasso, en train spécial.

S'il était rentré en Italie, on l'aurait arrêté, car, depuis l'affaire des urnes brisées, les gendarmes de Predappio avaient son nom sur leur registre. Il obtint de passer dans le Tyrol où il trouva de quoi vivre, en collaborant à *l'Avvenire* de Trente, puis au *Popolo* que dirigeait alors un socialiste irrédentiste, vibrant d'italianité, que l'Autriche devait transformer, plus tard, en martyr, César Battisti. Expulsé aussi de l'Autriche, il revint à Forli. Une amnistie, intervenue entre temps, lui permit d'y vivre libre. Il fonda un hebdomadaire, *la Lotta di classe*, et se jeta avec entrain dans la mêlée.

Il connut, de bonne heure, la volupté de maîtriser la foule et, il l'a avoué, de la mépriser. Un jour qu'il était à Forli, une grève éclate dans la ville ; les grévistes, appartenant à deux corporations importantes, traînaient, depuis plusieurs semaines, d'un meeting à l'autre, parlotes sans nombre et sans conclusion. M. Mussolini, qui était resté jusque-là à l'écart, se décide un après-midi à intervenir. Froid comme d'habitude, il aborde les grévistes et leur explique qu'il est inutile de continuer ce jeu stérile et il formule un dilemme : « Ou rentrer à l'usine, ou réaliser immédiatement la révolution. » La foule lui répond en acclamant la révolution.

« Très bien ! », répond l'orateur qui donne rendez-vous aux assistants pour quatre heures, aux jardins publics, pour commencer la révolution.

A quatre heures, les jardins sont envahis par une masse orageuse. Mussolini paraît et prend la parole. Son discours fut bref : ayant répété qu'on en avait assez des mots et qu'il fallait un chef pour agir, il se proposa comme tel. Une tempête d'acclamations lui répondit, signifiant l'acceptation. Alors il lança ce premier ordre : « A la gare, tous à la gare ! »

Plus que jamais les auditeurs semblaient décidés, lorsqu'un cri retentit : « La cavalerie ! » En un instant, la foule se disperse, c'est la fuite éperdue. Seul, à sa place, le jeune tribun reste impassible à regarder le spectacle. La cavalerie ne parut jamais. Le long des murs des jardins, passait une voiture, attelée d'un cheval au trot cadencé et résonnant. Ce bruit avait suffi, de loin, pour faire croire à la charge des dragons.

CHAPITRE IX

DE « L'AVANTI » AU « POPOLO D'ITALIA »

Ce n'est pas dans la zone étroite d'une organisation provinciale qu'on peut espérer conquérir, dans la vie publique, le bâton du commandement. Pour briser le cadre provincial, il y a, pour tous les tenants d'un parti de masses, les congrès nationaux.

La première affirmation publique de Benito Mussolini date du congrès national socialiste de Reggio Emilia, en 1912. Dès la première séance, il s'y révéla comme un homme de premier plan. Je trouve, dans le compte rendu d'un journal de l'époque, les traces de l'impression que son premier discours fit sur les trois mille délégués qui étaient là présents. Il s'agissait de la mise en accusation de trois leaders du parti, accusés de s'être livrés à un flirt avec les monarchistes après un attentat, manqué, contre le roi. Mussolini n'hésita pas à proposer leur expulsion du parti. A la tribune du congrès, il soutint l'ordre du jour que voici : « Le congrès, après avoir constaté le vide du rapport du groupe parlementaire, regrettant l'inaction politique de ce groupe même qui a contribué à démoraliser les masses, considérant particulièrement les actes dont les députés Bissolati, Cabrini et Bonomi se sont rendus coupables après l'attentat du 15 mars, affirme que ces actes constituent une très grande offense pour la doctrine et les traditions socialistes et frappe de la mesure d'expulsion du parti les députés susnommés... »

Le discours que M. Mussolini prononça pour soutenir

son ordre du jour fut coupé par toute une série d'interruptions violentes. L'assemblée, que l'accusateur avait su captiver, fut sur le point de faire un mauvais parti à l'un des interrupteurs. Une tempête d'applaudissements se déchaîna lorsque l'orateur eut lancé son dernier javelot. « Le parti républicain italien, dit-il, est aujourd'hui dans l'agonie. Nous devons empêcher que la même chose arrive au parti socialiste par les faiblesses de ses leaders. Nous devons le sauver. Que Bissolati et ses compagnons s'en aillent au Quirinal, qu'ils aillent même au Vatican, mais le parti socialiste ne les suivra jamais. »

Au congrès de l'année suivante, sa figure grandit. Son dédain des moyens soi-disant civils de lutte s'affirme avec éclat. Dans un discours prononcé, le second jour, contre l'élément modéré qui restait encore dans le parti et qui s'opposait à toute tactique violente, il n'hésita pas à faire l'apologie de la violence. « Moi, dit-il, j'aime les conférences contradictoires où les chaises volent et où les coups de revolver crépitent... » C'est une tactique à laquelle il restera, désormais, fidèle.

Quelque temps après, dans cette même année 1913, au cours d'une lutte électorale très agitée, dans laquelle le parti socialiste milanais se battait pour la conquête de la municipalité contre un bloc catholique-libéral, après un discours prononcé, dans un meeting, par le député socialiste modéré M. Trèves qui, en guise de péroraison, recommandait aux assistants de se retirer dans le calme sans donner aucun prétexte à l'intervention de la police, massée dehors, M. Mussolini, monté sur une chaise, cria : « Pas de lâcheté, il ne s'agit pas de se disperser ; suivez-moi dans la rue, nous irons sur la place du Dôme, il faut prendre possession du cœur de la ville. Il le faut, même s'il s'agit de verser notre sang. » Et à la tête de la masse des socialistes, chantant l'*Hymne des travailleurs*, il se jette dehors. On traverse les rues, on brise le cordon des policiers, qui tirent. Des victimes furent ramassées, mais, le lendemain, la coalition catholique-modérée est battue, le parti socialiste triomphe et M. Mussolini chante, dans *l'Avanti*, la « victoire de Barberousse ». Il aimait, en effet, baptiser son parti du nom du personnage qui fut, ainsi que chacun le sait, le plus féroce des envahisseurs allemands, descendus en Italie.

Peu après, le voilà en Romagne, candidat au Parlement. Dans le premier meeting qu'il organise, le commissaire de police est présent. On a prévenu M. Mussolini que toute attaque à la monarchie ou au gouvernement provoquera la dissolution immédiate de la réunion. Qu'à cela ne tienne, M. Mussolini monte à la tribune et commence à déclarer qu'il a des comptes à régler, « au sujet de l'infâme guerre de Libye, avec M. Victor-Emmanuel de Savoie... » Le meeting est dissous. On mène au poste l'orateur.

Une bataille, encore plus rude, au congrès de l'année suivante, à Ancône, attendait l'orateur. Il ne s'agissait plus là de l'attaque contre quelques personnes ; c'était le combat contre tout un monde : le monde maçonnique qui dominait l'Italie officielle par son hégémonie sur les partis et les groupes parlementaires. Sans hésitation, il plaça, dès le premier moment, le débat sur la plate-forme véritable. Il demanda l'expulsion du parti de tous les francs-maçons. Rarement réquisitoire plus cruel fut prononcé contre la secte. Comme on lui opposait qu'en approuvant sa proposition, le parti aurait perdu ses meilleurs hommes, il répéta : « Le parti n'est pas une vitrine pour les grands hommes. » Conséquence immédiate, la fraction révolutionnaire remplaça la fraction à tendance réformiste dans la direction du parti. Quelques mois après, en récompense de la victoire, la direction de *l'Avanti*, l'organe national, lui est confiée. Dans ce nouveau rôle, Mussolini donne, tout de suite, l'impression d'un tempérament exceptionnel : « Ce n'était pas un directeur de journal, écrit quelqu'un qui lui était très proche, c'était un dictateur, le dictateur du parti socialiste. »

Faut-il chercher des raisons autres que son tempérament pour expliquer les divergences qui éclatèrent entre lui et la masse de son parti lorsque la guerre arriva? L'homme qui avait placé dans un article Georges Sorel, le théoricien de la violence, au-dessus de Charles Marx, ne pouvait s'adapter aisément à la passivité absolue que, devant les exploits des militaristes allemands, la discipline du parti socialiste italien exigeait de lui. Le dédain que M. Mussolini, nourri de culture française, admirateur fervent de Blanqui, n'avait jamais caché pour les doctrinaires de son parti, tels que Turati et Trèves, idolâtres de la culture allemande, se manifesta, vibrant, dans certaines notes de *l'Avanti*. Son orthodoxie pacifiste sortit de là, déjà, bien compromise. Mandé à Bologne devant le conseil national, on lui demanda compte de son langage. Sa réponse ne laissait pas de doute sur l'abîme qui existait entre ses conceptions et celles de l'ensemble du parti. Sa conversion à l'interventionisme ne pouvait plus être qu'une question d'heures. Au mois d'octobre 1914, la rupture entre lui et le parti socialiste était accomplie. Un article contre les *pecore belanti* du pacifisme enleva, aux membres les plus conciliants, toute illusion sur la possibilité de le garder encore dans leurs rangs.

Les attaques éclatèrent de tous les côtés ; l'assemblée de la section socialiste de Milan fut convoquée pour décider l'expulsion de Mussolini à cause, disait le texte d'un ordre du jour, de son indignité politique et morale. Le soir de la réunion, tous les militants étaient présents ; le grand salon de la Maison du peuple était bondé. A son entrée, l'accusé est accueilli par des hurlements, des coups de sifflet, des injures de toute nature. Le tumulte redouble de violence lorsqu'il monte à la tribune pour se défendre. Ses premières syllabes sont coupées par des invectives. Visiblement, on était décidé à le condamner sans l'écouter ; mais un blasphème en dialecte romagnol, souligné par un formidable coup de poing qui fend le bois de la table, change, immédiatement, la situation. La main de l'orateur, qui, en frappant la table, avait brisé une carafe d'eau placée devant lui, apparaît sanglante : il est blessé. Alors, avec l'index d'où le sang coule, tendu dans la direction de la foule, désorientée, il lui crie ces mots : « Vous me haïssez parce que vous m'aimez encore... Vous allez ce soir me frapper d'ostracisme, me bannir des places et des rues d'Italie ! C'est bien ; mais je prends l'engagement solennel que je parlerai encore, et que, dans quelques années, les foules d'Italie me suivront et m'applaudiront, lorsque vous ne parlerez plus et ne circulerez plus. Et maintenant, je suis sûr que vous me laisserez parler. » On l'écouta, en effet.

Déjà, du reste, ayant quitté la direction de *l'Avanti*, il avait, après quelques semaines de silence, dressé, contre l'organe principal du socialisme officiel, le *Popolo d'Italia*, dont le premier numéro parut le 14 novembre 1914. C'était le plus véhément, le plus puissant héraut de l'interventisme italien. Tout ce que l'histoire moderne du journalisme nous offre, en fait de pamphlets quotidiens, depuis *le Père Duchêne* à *la Lanterne*, depuis Sbarbaro jusqu'à Harden, était dépassé.

Il suffisait de pénétrer dans le cabinet du directeur pour saisir le caractère du journal. On aurait cru se trouver à Sofia, dans l'abri d'un chef de comitadjis. Sur la paroi, derrière sa table de travail, un grand drapeau noir, avec un poignard blanc et une tête de mort au beau milieu, était étalé : c'était le drapeau des *Arditi*. Sur la table, au beau milieu des piles de livres et de manuscrits, un browning formidable. Un peu plus loin, sur un volume de poésies, un couteau de chasse ; dans un autre coin, un petit revolver bijou et, parmi ces livres, des cartouches. C'est dans ce décor que M. Mussolini a composé ses articles, pendant sept ans. C'est dans cette forge méphistophélique que sa prose, qui semble jaillie de l'impression du moment, mais qui est, au contraire, le résultat d'une méditation longue et mûre, sortait sans trêve.

Et c'est là que se trouvait, autour de lui, tous les soirs, toutes les nuits, l'équipe de ses rédacteurs. D'où venaient-ils ?

Personne ne saurait le dire.

Ils s'étaient offerts spontanément et, sans se soucier d'autre chose que de la valeur de ce qu'ils produisaient, Mussolini les avait conservés ou mis à la porte le lendemain de leur arrivée. Sauf un ou deux anciens journalistes, les autres étaient, tous, des nouveaux venus, poètes, artistes, musiciens, tribuns, organisateurs, jeunes gens imberbes ou vieillards aux barbes sévères, bohémiens en haillons ou dandys raffinés, plumes acérées, têtes bizarres, habituées à travailler dans le tumulte et sous la tempête.

Par-ci, par-là, sur les murs et sur les portes des trois petites pièces qui formaient toute la rédaction et dont les fenêtres donnaient sur l'une des rues les plus agitées de Milan, se trouvaient des écriteaux dont la lecture aurait suffi, à elle seule, pour renseigner le profane sur le caractère des habitants de ce lieu. L'un disait : « Messieurs les rédacteurs sont priés de venir ici quand ils le voudront, mais d'y rester le moins possible. » Un autre : « Celui qui emploie cinq mots pour dire ce qu'il est possible de dire avec un seulement, est un homme totalement incapable. » Un troisième, collé sur la porte du bureau directorial, admonestait le visiteur : « Celui qui entre me fait honneur, celui qui n'entre pas, me fait plaisir. » Au milieu de la table de travail, commune aux rédacteurs, on pouvait lire, enfin : « Celui qui ne sait pas se taire pendant que son camarade travaille, montre qu'il n'a pas pitié du malheur d'autrui. »

A certaines heures, on complotait à portes ouvertes. Un soir où l'on avait annoncé, à Rome, la démission de M. Salandra et où les neutralistes se disaient déjà sûrs d'avoir empêché, par leur pression sur le roi, tout projet d'intervention, après avoir dicté une proclamation qui se terminait par ce cri : « La guerre ou la république ! », M. Mussolini entra dans la salle des rédacteurs où une vingtaine de personnes, ayant discuté sur les moyens de s'emparer, par force, de la ville de Milan, s'étaient déjà distribué la besogne. Une première équipe devait, la nuit, prendre possession du siège de commandement du corps d'armée, une seconde devait occuper la gare pour empêcher tout départ, la troisième avait pour objectif l'hôtel de ville, la quatrième, une caserne d'artillerie. Ayant pris connaissance de la délibération, M. Mussolini ne formula qu'une seule objection : « Et les armes? » Personne n'y avait pensé.

« Je m'en charge », ajouta-t-il.

Les conspirateurs se séparèrent dans la nuit. Le lendemain, à midi, M. Mussolini, arrivant à la rédaction, portait un grand sac sous son bras. Un garçon de bureau le suivait, en en apportant un autre. Il y avait là de quoi armer deux cents personnes. On put se dispenser de s'en servir. M. Salandra, rappelé au pouvoir et l'intervention de l'Italie dans la guerre enfin réalisée, M. Mussolini partit sur le front.

Son journal de guerre, paru tout récemment, est le document d'une nouvelle phase de sa vie. Plus qu'un journal, c'est une succession de notations, rapides, nerveuses, qui permettent de deviner, comme à travers des voiles déchirés, des horizons lointains et des dessous de mystère.

Ces notes révèlent une fibre forte, un optimisme qui ne se laisse pas ébranler par le voisinage du danger, mais qui, de temps en temps, semble se reposer dans une mélancolie sans nom. Le 16 septembre 1915, M. Mussolini arrive sur l'Isonzo. « La matinée est froide. Il y a tout un voile de brouillard. La nouvelle de mon arrivée à Caporetto s'est répandue. Discours, impressions... deux soldats d'artillerie... à les croire, notre armée est presque entièrement détruite, l'Angleterre dort, la France est à bout, la Russie est finie. Ces discours, odieux et idiots, je les ai entendus plusieurs fois. » Pour se sauver du pessimisme, il y a l'Isonzo, l'Isonzo, la rivière sacrée, qui marquait, seulement sur une partie de son cours, la frontière d'Italie. « L'Isonzo, continue Mussolini, je n'ai jamais vu des eaux plus bleues que celles de l'Isonzo. C'est étrange. Je me suis approché de l'eau froide et j'en ai bu avec dévotion. » Le voici dans la tranchée. Son baptême du feu, il le reçoit la nuit même de son arrivée au régiment, un régiment de *bersaglieri*. Le récit se continue avec la sobriété la plus sévère.

« J'ai remarqué avec plaisir, avec joie, qu'entre officiers et soldats règne la camaraderie la plus grande. Une vie faite de risques incessants lie les âmes entre elles. Mieux que des supérieurs, les officiers semblent des frères. Toute l'officialité subalterne est formée de lieutenants et sous-lieutenants de complément qui se battent et meurent bravement... »

Dans l'attente patiente et décourageante de la tranchée, l'admiration émue le reprend pour la foule. « La bonté profonde, la force de ce peuple laborieux se manifestent ouvertement... offrant une certitude réconfortante à ceux chez lesquels n'existait plus qu'un espoir, qu'un sentiment de foi que la vieille race italienne n'était pas épuisée, mais qu'elle gardait, dans son sein, le trésor d'une jeunesse éternelle. »

A une certaine heure, il s'émeut du stoïcisme des soldats italiens. Ce stoïcisme est le produit de l'atmosphère où ils vivent. « Il n'y a pas un seul soldat blessé qui veuille se montrer faible et peureux pour le sang qui coule, devant ses camarades, pas un seul. Mais il y a une raison plus profonde. On ne gémit pas pour une blessure, quand on a, devant soi, le danger perpétuel de la mort. La blessure est ce qui peut arriver de moins triste. »

Quel était l'état d'esprit véritable de ces hommes?

M. Mussolini se le demande : « Aiment-ils la guerre? Non.
La détestent-ils? Non plus. Ils l'acceptent comme un
devoir qui ne se discute plus. Leur moral est bon, les soldats italiens sont disciplinés, pleins de courage, d'élan.
Si l'on sait les prendre du bon côté, si on les juge capables
de raisonner et si on ne les traite pas comme de simples
numéros de matricules, on peut obtenir, des soldats italiens, tout ce qu'on veut : du travail obscur de la corvée,
jusqu'à l'assaut, brusque et meurtrier, à la baïonnette. »

Et c'est parfois de l'angoisse, de la nostalgie, de la
tristesse. Un Mussolini, plus humain, plus accessible que
celui d'hier et celui de demain, se révèle. On le découvre
à travers les traits par lesquels il nous peint des paysages
mornes, tristes, des paysages de mort. Tel le lac de Doberdo, fameux par mille combats. « Lac de Doberdo ! Celui
qui vécut longtemps près de tes rivages, perd l'habitude
humaine du rire. »

La rapidité de ses notations contribue à faire sentir la
tragique monotonie de l'horrible existence. La pluie,
la neige, la boue, la canonnade périodique, les bombar-
dements, les abris, tout l'enflamme ou l'éteint et l'élève,
parfois, à la hauteur de la divination. Les tranchées,
remplies de boue, de sang, dévorent, aujourd'hui, les
hommes ; mais l'Europe, demain, verra pousser sur ces
sillons les fleurs rouges d'une liberté plus grande. » Quel
contraste entre ce langage et celui qu'on entendra cinq
ans plus tard, à la veille et au lendemain de la marche
sur Rome !

Simple soldat en arrivant sur les Alpes, il fut promu
caporal en février 1916 « pour son activité exceptionnelle,
pour son esprit, prêt à l'attaque *(bersaglieresco)* et pour
sa sérénité ». Il lui fallut un an pour devenir caporal
major. A ce titre, le commandement d'une section de
grenadiers de tir lui fut attribuée. Il ne l'exerça qu'un
mois. Pendant un réglage de tir contre une hauteur, un
projectile fit explosion dans le lance-mine, à quelques

pas de lui. Une rafale d'éclats de mitraille le projeta loin. De l'hôpital, où on le transporta, il sortit, au mois d'août, avec des béquilles. Et, revenu à la direction du *Popolo d'Italia*, il reprend la bataille, non plus contre les Autrichiens, mais, comme à la veille de l'intervention, contre les neutralistes, restés à l'intérieur.

Dans l'équipe de ceux qui avaient prêché la guerre, M. Mussolini, qui l'avait faite aussi, était au premier rang avec le *Popolo d'Italia* et ses rédacteurs. Le flot des haines les entoura, prêt à emporter les digues, sitôt la guerre finie. Bientôt, la tribune du journal ne put leur suffire pour se défendre et pour contre-attaquer. L'idée de la fondation des *Fasci* jaillit alors.

Un soir du mois de mars 1919, dans une maison de la place San Sepolcro, à Milan, M. Mussolini, ses rédacteurs, des anciens *arditi* et quelques personnes, inconnues, fondèrent le premier *Fascio di Combattimento*. Ce qu'il devait être, personne ne le savait. L'un des membres, Dante Dini, dans un discours plein d'esprit, démontra la nécessité de rédiger un programme ; un autre orateur, Aurelio Galassi, démontra, au contraire, la nécessité de n'en pas avoir. A la fin, M. Mussolini déclara que le nouveau parti devait être un parti de combat, le programme, un programme de combat. Et le nom du parti, un nom de combat. Les membres se séparèrent dans la nuit, en chantant dans les rues.

...Dernièrement, à Gênes, dans un manifeste commémoratif, quelques-uns des fondateurs de ce premier fascio pouvaient rappeler « l'incompréhension, l'hostilité calomnieuse et féroce qui faisaient le désert moral autour des rares précurseurs de 1919 ». Ces premiers fascistes n'étaient que soixante-dix ; trois mois après, ils n'avaient pas atteint le millier. Trop faibles encore pour s'affirmer à l'intérieur du pays par une action organique, ils avaient, en attendant, des raisons pour s'entraîner ailleurs.

CHAPITRE X

On peut dire que, depuis le mois de septembre 1919 jusqu'au mois de novembre 1920, le fascisme fut presque complètement absorbé par l'entreprise de Fiume. Il se confond, ainsi, avec l'action des « légionnaires » les anciens *arditi*, les survivants des escouades d'assaut des tranchées qui s'étaient reconstituées autour de d'Annunzio. Faut-il rappeler que c'est d'Annunzio qui a donné, à la question de Fiume, une importance que le baron Sonnino ne lui reconnaissait pas lorsqu'il négocia le traité de Londres avec les Alliés, ce traité où Fiume n'est même pas mentionnée ?

Jeté comme un brandon de discorde pour séparer l'Italie de la Yougo-Slavie (des chefs de partis des deux pays avaient signé, à Rome, un pacte d'alliance, visant à faire de l'Italie la protectrice et non l'ennemie du nouvel État), le nom de Fiume avait commencé, à la veille de l'ouverture de la conférence de la paix, par diviser les interventistes italiens et les membres du premier Fascio. L'opération ne fut pas longue. Après un discours prononcé le 11 janvier 1919, dans une salle en tumulte, au théâtre de la Scala de Milan, par M. Bissolati, tous ceux des interventistes qui pensaient avec lui que l'Italie pouvait et devait se déclarer contente de l'application du traité de Londres et renoncer à demander autre chose, se trouvèrent rejetés loin de leurs anciens camarades qui se déclarèrent pour Fiume.

Fiume, sans être au centre du programme que le Fascio de Milan publia, constituait, avec la Dalmatie, le noyau des aspirations de M. Mussolini et de ses camarades. Pendant un an, Fiume devait même constituer leur objectif principal. On peut suivre dans la collection du *Popolo d'Italia* la genèse et le développement de l'entreprise de d'Annunzio pour assurer à l'Italie le Quarnaro envié. A la veille de l'ouverture de la conférence de Paris, d'Annunzio, dans sa Lettre aux Dalmates, publiée dans le *Popolo*, formule le dilemme : *Fiume ou la mort*. La conférence de Paris commence et, à l'annonce de l'envoi, fait par Wilson, d'un message aux Américains, où les aspirations italiennes sont qualifiées d'impérialistes, Mussolini lance aux Milanais un appel, les invitant, le soir même, à descendre dans les rues pour manifester leur indignation contre «l'homme aux trente-deux dents». Et, en tête de son journal, il imprime en grosses lettres : « On ne marchande pas avec les vivants, on ne trahit pas les morts. » Les événements se précipitent. Orlando et Sonnino quittent Paris et reviennent à Rome. D'Annunzio prononce un discours menaçant et Mussolini, dans le *Popolo d'Italia*, le commente, en attaquant Clemenceau et Wilson.

Le 24 mai, d'Annunzio, qui est toujours commandant de l'armée active, s'entend signifier, par ses chefs, la défense de prononcer un discours à Fiume où il est attendu. Mussolini s'y rend à sa place ; et, rentré en Italie, il confirme sa solidarité avec le poète, qui, entre temps, a obtenu d'être mis en congé de l'armée régulière. Une expédition de volontaires s'organise : elle est préparée dans le silence, à Venise où d'Annunzio a établi son séjour, et à Milan, siège du fascisme. Une légion de volontaires se forme, à Fiume même, sous les yeux des commandants des garnisons interalliés. Les *arditi* qui avaient fourni les premiers éléments d'une section fiumaine des fasci, donnent les premiers hommes à la légion.

Après la révolte de cette avant-garde contre la garnison française de la ville, la marche de Ronchi (1) est décidée. A la veille de l'épisode romanesque, d'Annunzio écrit à Mussolini :

« Mon cher camarade,

« Le dé est jeté, je pars, je prendrai Fiume par les armes, que le Dieu d'Italie nous assiste ! »

De Ronchi, d'Annunzio part en effet, la nuit, avec des grenadiers italiens qui, sortis de Fiume avec les autres garnisons alliées, s'étaient arrêtés à la limite du territoire, où les volontaires de M. Mussolini les attendaient depuis vingt-quatre heures.

L'occupation se réalise, on le sait, sans obstacles sérieux, au milieu de l'étonnement des uns, de l'enthousiasme des autres.

Le *Popolo d'Italia*, devenu automatiquement l'organe du « commandant », exalte le geste du poète comme un geste révolutionnaire. Un moment, on put croire que ce geste allait rallier, à ses exécuteurs, ces autres révolutionnaires qui prêchaient la haine à l'intérieur de l'Italie ; car l'entreprise de d'Annunzio se présentait, surtout, comme un défi jeté aux auteurs de la paix de Versailles, dans la critique de laquelle tous les courants de l'opinion italienne étaient d'accord.

Malgré cela, *l'Avanti* et tous les journaux socialistes n'hésitèrent pas à prendre position contre d'Annunzio et à blâmer son exploit, dans lequel ils ne voyaient que l'action d'anciens combattants, désireux de reprendre des occupations guerrières. Le *Popolo d'Italia* continua à exciter les esprits, en sonnant le ralliement autour de d'Annunzio et en déclanchant en même temps une

(1) On l'a appelée la « marche de Ronchi » du nom du village, sis sur la nouvelle frontière orientale de l'Italie, d'où d'Annunzio partit avec ses volontaires 12 (septembre 1919).

formidable campagne contre Nitti qui avait osé parler du poète comme d'un ennemi de la patrie. Le 15 septembre, le *Popolo d'Italia* paraît avec sa première page, presque complètement censurée et, dans les colonnes blanches, en grosses lettres, on peut lire ceci : « Censuré par ordre de ce cochon de Nitti ; François-Xavier Nitti, très lâche ministre bourbonien, nous te crions sur le groin : Vive Fiume italienne ! Vive d'Annunzio ! » Et Mussolini signait, de son nom, cette affirmation : « La capitale de l'Italie n'est plus sur le Tibre, elle est sur le Quarnaro. » C'est ainsi, chaque jour, une succession d'invectives et d'invocations ardentes. Pour fournir du pain et des armes aux volontaires de Fiume, il faut de l'argent ; et Mussolini ouvre, dans le *Popolo d'Italia*, une souscription qui permet de recueillir, dans un court délai, deux millions et demi de lires.

Il est possible que Mussolini n'ait pas eu, en temps, la sensation de l'inconsistance et de la fragilité de l'opération de d'Annunzio, compromise, dès les premiers jours, même auprès des Italiens de la ville malheureuse, par des erreurs dont parurent responsables des membres de l'entourage immédiat du poète. Malgré les constatations, faites par Mussolini lui-même, sur place, son journal continua inlassablement à soutenir d'Annunzio de toutes ses forces. Lorsque, au mois de novembre 1919, le fascisme milanais se risque, pour la première fois, à présenter, à Milan, des candidats aux élections politiques, le programme qu'il leur impose est basé sur les principes de la politique de d'Annunzio : « Annexion de Fiume et des villes italiennes de la Dalmatie à l'Italie. » Et Mussolini, expliquant le sens que la lutte électorale doit avoir pour ses amis, écrit : « Il s'agit de fiumaniser toujours plus ceux qui sont avec nous. » Le meeting électoral des fascistes est tenu sous la présidence honoraire de d'Annunzio, « pour la gloire de l'Italie ». On sait que le patronage du poète ne fut pas très efficace, car Mussolini et ses camarades ne réussirent à recueillir que deux mille voix à peine.

Pendant un an encore, jour par jour, l'accord entre Mussolini et d'Annunzio continua, absolu, du moins aux yeux du public. Même aux jours de l'occupation des fabriques, à juger de la place que la chronique de Fiume tenait dans le *Popolo d'Italia*, le fascisme ne semblait pas avoir de plus grande préoccupation que celle du sort de la ville torturée.

La conclusion du traité de Rapallo entre le gouvernement de Rome et celui de Belgrade devait modifier cet état de choses. Le traité, par lequel l'Italie renonçait à toute idée de s'annexer Fiume et consentait à donner un régime d'autonomie à son port, fut signé le 12 novembre 1920. D'Annunzio protesta, tonna, menaça, annonça qu'il se serait laissé mourir sous les décombres de la ville plutôt que de l'abandonner. Mussolini, le jour même, manifestait, dans le *Popolo d'Italia*, son opinion. « Le fascisme, disait-il en substance, ne peut pas être intransigeant sur des questions de politique étrangère. L'accord pour Fiume et pour la frontière orientale est acceptable. » Et il conseillait à tous les fascistes d'Italie d'abandonner toute attitude de protestation stérile.

D'Annunzio jura qu'il n'oublierait pas cet abandon. Il ne l'oublia pas, en effet, car tous les efforts déployés, plus tard, pour utiliser, en faveur du mouvement fasciste, l'influence, indéniable, qu'il avait gardée, dans sa retraite de Gardone, échouèrent (1). Mais, en se détachant du

(1) Un ancien collaborateur de d'Annunzio à Fiume, M. Umberto Foscanelli, a raconté, par le menu, les tentatives faites, auprès de d'Annunzio, pour rétablir la concorde entre lui et M. Mussolini avant la marche sur Rome. Constamment, le poète a refusé de permettre à ses anciens légionnaires d'entrer dans les « Fasci ». Mais son ordre a été souvent enfreint. Le soir du 3 août 1922, quand les fascistes de Milan réussirent à s'emparer, de vive force, de l'hôtel de ville, où régnait encore une municipalité socialiste, d'Annunzio, sollicité par eux, finit par se présenter au balcon du palais municipal, au milieu des acclamations des soldats de M. Mussolini. Mais, au lieu d'exalter l'exploit

mouvement, dont il était le chef, pour viser d'autres objectifs, Mussolini ne faisait qu'obéir à la logique des événements.

Devant la débandade du bolchevisme et la fuite éperdue de l'armée rouge en retraite, après l'échec de l'occupation des fabriques, un champ de lutte, bien plus fécond de succès que celui de Fiume, s'ouvrait à l'action des fascistes, subitement accrus de milliers de partisans.

La lutte contre les socialistes qui semblait devenue un souci secondaire pour le fascisme, reprenait, pour lui, toute sa valeur.

violent, il parla de la beauté, base nécessaire de la vie humaine, et de l'amour « qui doit nous guider pour ramener les errants sur le chemin de la patrie. » Il leur rappela l'épisode d'un vieux cultivateur, plein de rancœur contre ceux qui avaient poussé à la guerre et qui recommença à aimer, lorsqu'il eut entendu, de ses lèvres, des paroles franciscaines de fraternité.

Il semble que cette hostilité du poète à l'égard des fascistes, ses camarades de la veille, inspira aux chefs des partis libéraux aux abois, quelques semaines avant la marche projetée sur Rome, un projet qui devait, dans l'intention de ses auteurs, neutraliser l'action du fascisme au moment décisif. L'Association des mutilés de guerre, dont les dirigeants semblaient être sous l'influence du gouvernement libéral, avait demandé à d'Annunzio de venir présider, dans la capitale, une grande cérémonie pour commémorer le quatrième anniversaire de la victoire de Vittorio Veneto. L'invitation, faite par les chefs de l'Association, fut réitérée par deux hommes politiques, dont l'un était un représentant de M. Giolitti et l'autre, M. Orlando en personne.

La présence de d'Annunzio à Rome devait permettre de concentrer, autour de lui, les vieux partis de gouvernement, de former un cabinet d'union, à la place de celui de M. Facta, et, ainsi, de barrer définitivement, au fascisme, le chemin du pouvoir. Le congrès fasciste, à Naples, était réuni au même moment. La nouvelle du plan, dont d'Annunzio était sur le point d'être le protagoniste, fut ébruitée. Elle ne dut pas être étrangère à la décision prise, là-bas, par M. Mussolini, de précipiter la marche sur la capitale...

CHAPITRE XI

Un fait dramatique favorisa le succès du fascisme, l'assassinat, dans la salle du conseil municipal de Bologne, de l'avocat Giordani, chef de la minorité constitutionnelle de la ville, le 21 novembre 1920.

Les élections municipales, qui avaient eu lieu à la fin d'octobre et au commencement de novembre, avaient soustrait à la domination des extrémistes plusieurs grandes municipalités. A Bologne, centre d'une zone sur laquelle le maximalisme agraire s'était établi, la coalition des partis constitutionnels, lancés à la conquête de la commune, avait été battue, mais à très peu de voix.

Les nationalistes et l'organisation des anciens combattants, qui formaient l'avant-garde du bloc constitutionnel, annoncèrent alors, publiquement, qu'ils ne permettraient pas à la nouvelle administration de fonctionner. La cérémonie de la prise de possession de la municipalité devait avoir lieu le lendemain 21 novembre. On s'attendait à quelque chose de grave dans la ville. On s'était armé, d'un côté et de l'autre. Le groupe nouveau-né des fascistes de Bologne avait fait afficher un manifeste pour recommander aux femmes et aux enfants de se tenir loin du centre et des rues principales, car il y aurait du danger. Le lendemain, en effet, à l'ouverture de la séance d'inauguration du conseil municipal, les adversaires s'étaient donné rendez-vous sur la place, devant l'hôtel de ville et dans la salle même.

L'apparition d'un drapeau rouge au grand balcon du palais parut, aux fascistes et à leurs amis, une provocation suprême. La bataille se déclancha. Des coups de revolver éclatèrent sur la place, des bombes furent jetées des fenêtres. En même temps, à l'intérieur de la salle, des projectiles partirent des bancs où siégeaient les conseillers socialistes, à l'adresse des conseillers de la minorité. M. Giordani, un mutilé de guerre, qui était au premier rang, particulièrement visé, tomba, foudroyé d'une balle à la tête, à côté de deux de ses camarades, grièvement blessés.

La nouvelle de cet assassinat se répandit comme une traînée de poudre. L'impression fut énorme. Un cri de pitié et d'indignation se leva d'un bout à l'autre de l'Italie. La réaction, qui jusqu'alors semblait lente à se produire contre les extrémistes, se généralisa immédiatement, grâce, il faut le dire, à l'utilisation habile que les intéressés firent du crime.

Le communisme qui, il y a trois mois encore, pouvait rendre vaine toute levée de boucliers de ses adversaires, n'essaya même pas de résister. Bologne devint, soudainement, la ville promesse du fascisme. « Le sang de Giordani, a pu écrire M. Gorgolini, a été le divin ferment d'où le salut de l'Italie a pu sortir. Cet assassinat a été la goutte qui a fait déborder le vase. Il a marqué le commencement de la grande ère fasciste... » Le fascisme qui, avant l'occupation des fabriques, au mois de septembre, était une force numériquement négligeable, qui avait commencé à croitre, en octobre, après l'échec de l'occupation des fabriques et la débandade communiste, devint géant, après cette triste journée.

Au mois d'octobre 1920, le fascisme comptait à peine deux mille adhérents dans des groupes épars dans quelques régions d'Italie. A la fin de novembre, le nombre de ses recrues était tel qu'il fallut établir, partout, ses quartiers. « Cela marche, écrivait M. Mussolini, le 25 novembre, dans le *Popolo d'Italia*, comme une boule de neige. »

La variété des éléments contre lesquels l'extrémisme rouge avait dressé ses batteries, la variété des intérêts qu'il avait, maladroitement, méconnus ou blessés en bloc, devaient, maintenant, apporter, par une réaction naturelle, leur concours au fascisme, en l'animant de leurs passions. La transformation du mouvement était, par là même, inévitable.

Effort viril de défense des anciens combattants à ses origines, le fascisme prend ainsi, à partir de novembre 1920, des aspects différents selon les conditions et la nature des différentes régions. A Trieste, il est nationaliste et anti-slave. Dans la vallée du Pô et dans le Polesine, dans la Lomelline, dans la région de Ferrare et dans celle de Mantoue, où l'agitation prolétarienne avait eu comme théâtre de vastes exploitations agricoles industrialisées, le caractère du mouvement est nettement agrarien. A Bologne, à Reggio Emilia, où le coopérativisme rouge, sous toutes ses formes, s'est développé, depuis la guerre, au dam des commerçants gros et petits, il apparaît comme une armée de défense des classes commerçantes et de leurs parasites. A Pise, à Florence, centres universitaires, ce sont les étudiants et les professeurs qui arborent son drapeau, tandis que, dans les campagnes de la Toscane, où la révolte des paysans contre les formes anciennes de métayage s'est à peine éteinte, ce sont encore les propriétaires agricoles qui se déclarent pour lui. Dans la Romagne où, de tous temps, le socialisme s'est opposé aux républicains mazziniens, c'est un fascisme républicain qui apparaît. Ailleurs, des catholiques militants rejoignent ses bataillons. Quelques-uns de leurs chefs, tels le comte Grosoli, n'hésitent pas à lui déclarer, bien haut, leurs sympathies. Ailleurs, ce sont des anticléricaux et des dirigeants des loges maçonniques qui lui assurent le succès : à Rome, c'est le général Capello, membre du Conseil du Grand-Orient, qui passe en revue la première escouade fasciste, habillée de l'uniforme des chemises noires...

CHAPITRE XII

LES ÉLÉMENTS DU FASCISME
1º *Anciens combattants et classes moyennes*

Ainsi, au-dessous de toute une variété de groupes locaux, des courants, qui débordent les cadres régionaux, sont visibles. A la base, se trouve l'élément militaire : officiers, sous-officiers de réserve, de complément. Aucune autre classe de la société italienne ne s'était sentie, comme celle-là, dégradée, déchue, après la paix. Contre elle, plus que contre les autres, les masses, revenues des tranchées, obéissant aux excitations des tribuns, s'étaient tournées. L'heure nouvelle semblait marquer sa revanche.

Des raisons matérielles, économiques, se mêlaient pour elle à des raisons morales. La démobilisation avait transformé les officiers en retraités avec des mensualités dérisoires, sans gloire et sans espoir d'avenir. Ce changement avait particulièrement affecté ceux qui, sortis du rang après leurs premiers exploits sur le Carso ou sur les Alpes, avaient connu, grâce à la guerre, la satisfaction de se sentir supérieurs et de commander. Jadis, simples étudiants, petits employés, petits commerçants ou boutiquiers obscurs, l'exercice du commandement les avait transformés. Et lorsque, la démobilisation ayant été décrétée, ils étaient revenus, la poitrine couverte des rubans gagnés devant l'ennemi, à l'existence ordinaire et prosaïque dans laquelle ils vivaient auparavant, un sens d'orgueil, le sentiment d'appartenir à une aristocratie nouvelle, les avait pénétrés.

On comprend aisément l'effet que, sur des esprits ainsi transformés, devait produire la réaction aveugle des masses, déchaînées non seulement contre ceux qui avaient poussé à la guerre, mais contre ceux-là même qui l'avaient combattue dans des conditions moins passives que celles des simples soldats. Des épisodes sauvages, des attaques contre les mutilés, l'offense, habituelle, au drapeau tricolore qu'il était devenu impossible de promener dans les rues, ces faits et d'autres encore leur avaient été au cœur. C'est pour cela que ces mutilés, décorés de guerre, officiers de tous grades, constituèrent l'avant-garde de l'organisation fasciste, le jour où elle se leva, en leur promettant le retour d'un prestige, d'une autorité qui s'était évanouie, pour eux, avec la guerre. Une grande partie de ces anciens combattants, les plus vigoureux parmi eux, était passée dans deux corps auxiliaires de la police, les carabiniers et les gardes royales. Il était à prévoir, dès les premiers pas du fascisme, que la tâche de s'opposer à ses exploits étant confiée à de tels défenseurs, il n'aurait pas eu à les craindre.

Un autre courant qui se confond, en partie, avec le précédent, vint au fascisme en même temps : il était fourni par les classes moyennes. Leur odyssée, en Italie, fut la même que dans d'autres pays. Disposant de revenus de beaucoup inférieurs à ceux des salariés, obligés de soutenir des dépenses bien supérieures, soit pour vivre, soit pour s'éduquer, leur vie, depuis la guerre, était devenue une angoisse quotidienne.

Trop raffinées pour s'adapter aux limites étroites de l'existence, exclusivement physique, du prolétariat, trop pauvres pour supporter le poids des prix toujours croissants, elles se sentaient prises comme dans une tenaille qui lentement, mais sans trêve, les brisait. « Tout le monde connaît chez nous, écrivait M. Tilgher, au mois de décembre 1919, dans le *Tempo* de Rome, la famille de l'employé qui s'en va par les rues, proprement habillée, qui a son petit salon de réception, mais qui, depuis de longs mois, a banni le vin et la viande de sa table, et soupe, le soir, avec les restes froids de son repas du matin, lorsqu'il y en a... » Maltraitées par les gouvernements, dont le dernier souci était de satisfaire leurs besoins, exploitées, par les nouveaux riches qui, sur leurs ruines, avaient édifié leur fortune, elles auraient pu être la proie facile des agitateurs rouges, si ceux-ci n'avaient pas été aveuglés par l'ivresse de leur passion. Communistes et maximalistes, ayant pris de la Russie la formule bolchevique : « Celui qui ne travaille pas, ne mange pas », crurent pouvoir l'appliquer indistinctement à tous ceux qui ne travaillaient pas manuellement. Tous ceux qui exerçaient des professions intellectuelles, classés comme de simples fainéants, furent dénoncés et condamnés comme des gros bourgeois « exploiteurs » et sommés de prendre les outils des manœuvres, s'ils voulaient espérer se voir reconnaître le droit à l'existence par les maîtres de l'heure.

Assez souvent, des médecins, des ingénieurs, des professeurs, des employés, traversant les faubourgs, entendaient siffler à leur oreille le cri : « Va travailler ! » Plus d'un intellectuel qui n'avait pas connu de trêve dans ses occupations commençait à se poser sérieusement le problème d'un métier manuel auquel se vouer, au jour prochain du triomphe de la révolution. On peut trouver des traces de cet état d'esprit dans quelques gazettes universitaires de ces dernières années. Ajoutez que plusieurs de ces officiers et sous-officiers que la populace insultait dans les rues étaient sortis, pour la plupart, de ces mêmes classes moyennes qui, par solidarité, en ressentaient l'offense elles-mêmes.

Accablés par les nécessités économiques croissantes, dans une société où la valeur de l'argent primait tout le reste, pendant que, par le jeu des salaires, la situation des classes ouvrières s'améliorait, — apparemment du moins, — les classes moyennes pouvaient sentir qu'elles perdaient, tous les jours, un peu de leur rang et de leur supériorité ancienne. Et, par comble, la transformation sociale qui se préparait, loin d'être celle qu'on avait espéré voir sortir de la guerre, — transformation graduelle, progressive, ordonnée, — était, au contraire, la révolution violente, comme la révolution bolchevique qui avait inscrit d'abord, à son programme, la destruction, complète et radicale, de l'organisme social existant, car l'on renvoyait à la phase qui devait succéder à la catastrophe toute œuvre de reconstruction. La menace qui pesait sur la tête de la bourgeoisie capitaliste pesait donc aussi sur celle des classes moyennes... Y a-t-il lieu de s'étonner si, le jour où le fascisme apparut comme un mouvement de conservation vitale, elles se rallièrent à son drapeau ?

CHAPITRE XIII

LES ÉLÉMENTS DU FASCISME

2° *Le capital, les producteurs, l'école.*

Assurément, le concours de l'élément militaire et des classes moyennes n'aurait pu donner au mouvement fasciste de suffisants moyens d'action sans l'arrivée, dans ses rangs, d'autres groupes, poussés vers lui par un intérêt de classe. Le fait n'est pas niable. L'action la plus entraînante des fascistes a commencé lorsque les éléments capitalistes, poussés par la nécessité de défendre leurs privilèges économiques, ont pu profiter de la conviction, désormais entrée dans les esprits, que l'Italie ne pouvait trouver le chemin de la restauration de son économie si les théories extrémistes continuaient à entraîner les foules de travailleurs industriels et agrariens. A la suite des capitalistes, les petits commerçants, les propriétaires de maisons, les intermédiaires, particulièrement menacés par les progrès du mouvement coopératif, après avoir cédé, pendant deux ans, à toutes les demandes et à toutes les exigences de leurs antagonistes, avaient fini par sentir que toutes ces concessions étaient sans valeur aux yeux d'une masse qui ne rêvait plus que leur suppression.

Le cauchemar s'étant évanoui avec l'échec communiste dans les fabriques, ces différentes catégories capitalistes retrouvèrent leur force offensive au moment même où la débandade prolétarienne s'accentuait. Elles entrèrent dans les rangs des fascistes pour y jouer leur rôle. Désormais, leur cause se confondait avec celle de la nation.

Mais il est certain que leur entrée dans le fascisme contribua, plus que tout le reste, à lui enlever ce qui lui restait de son caractère politique originaire. Le caractère socialiste des fasci, à leur commencement, n'est pas douteux. Le 13 avril 1919, dans le programme que M. Mussolini développait dans une des premières assemblées du Fascio de Milan, il demandait, entre autres choses, « l'expropriation partielle du capital par un impôt extraordinaire et progressif » ; et dans une autre assemblée, le 9 juin de la même année, un de ses camarades d'alors, M. Alceste de Ambris, prônait, et non pas seulement en son propre nom, l'expropriation de la terre et l'expropriation financière. En novembre 1920, le fascisme nous présente une tout autre face. Dans un discours tenu, ce même mois, à Bologne, M. Mussolini parle, pour la première fois, de la « nécessité d'une hiérarchie ». Il dira plus tard, lorsqu'il sera arrivé au gouvernement, que « c'est pour rétablir dans l'État des ordres hiérarchiques que la marche sur Rome a été réalisée ».

Un autre élément devait imprimer au fascisme un caractère de jeunesse, qui manquait à tous les autres mouvements politiques qui l'avaient précédé. C'est l'élément qui lui est venu des écoles, des lycées, des facultés. On a expliqué la facilité du prosélytisme dont le fascisme a fait preuve parmi les jeunes (bon nombre de ses adeptes n'avaient pas encore seize ans) par la fascination que la guerre avait exercée sur ceux qui, à cause de leur âge, n'y avaient pas été. Il devait leur sembler beau de revêtir, comme leurs aînés, un uniforme et de faire le coup de feu. Quelqu'un a parlé d'une séduction plus proprement esthétique. La jeunesse aime la couleur, la lumière, l'éclat ; et un défilé de « chemises noires » encadrées, éclairées par l'éclat du drapeau tricolore, marchant au pas militaire, est, sans doute, bien plus sympathique, bien plus attrayant que la course d'une foule, suivant, en désordre, des écriteaux ou un drapeau rouge. Mais, pour expliquer le phénomène, ces raisons-là ne suffisent pas : il y en a de plus profondes. Ces jeunes recrues du fascisme devaient leur entraînement à l'éducation, à l'enseignement qu'elles avaient reçu dans leurs écoles.

Du jour où le libéralisme italien s'était installé à Rome, il avait senti le besoin de se défendre contre l'action de la papauté, restée armée en face de lui. Et pour y réussir, il s'était efforcé de donner, tout d'abord, aux générations nouvelles de l'Italie, un idéal opposé à celui que le chef de la chrétienté représentait : à l'idéal chrétien, conservé dans les catacombes, la Rome antique opposait le sien. Et c'est la Rome antique, la Rome des Romulus et des Césars que les maîtres de la nouvelle Italie prirent comme modèle, c'est elle que les poètes officiels, Carducci et d'Annunzio, chantèrent. Et Carducci et d'Annunzio restent les idoles de la jeunesse des écoles. De la Rome antique, d'Annunzio avait exalté la volupté dont vibrent les plus étonnants de ses héros, pendant que Carducci divinisait, sur les sommets lyriques, sa force, son individualisme hautain, impérieux. Telle était la leçon, la plus haute, que l'école italienne répétait aux générations, depuis trente ans. Par là même, la douce morale du Christ, détournant de toute violence, prêchant la loi de la fraternité, de l'amour envers les plus humbles, les plus faibles, était écartée dans l'éducation des esprits. Le fascisme trouva donc ces générations prêtes à sentir l'idéal qui était le sien, prêtes à pratiquer une morale, la morale de la force, qui était la sienne. C'est pour cela qu'elles répondirent à son appel.

L'inventaire des éléments dont le fascisme fut formé sera à peu près complet, lorsqu'on aura observé que beaucoup de ses volontaires lui vinrent des zones où le socialisme extrémiste avait le plus réussi à imposer sa tyrannie, des campagnes de l'Emilie et des Romagnes, surtout ; car là, l'absence presque absolue de toute autorité de l'État, plus lente à disparaître dans les grands centres, avait laissé, au socialisme bolchevique, le chemin libre pour dicter sa loi. Sans parler des violences qualifiées, comme l'occupation des terres dans certaines zones et leur exploitation directe par les syndicats, un fait caractérisait cette mainmise, opérée, dans plusieurs régions, par les syndicats rouges. Il était devenu impossible aux travailleurs qui n'en faisaient pas partie de trouver du pain sur place. Malheur à ceux qui, ayant donné leur nom à des organisations d'autres couleurs, consentaient à travailler pour des patrons boycottés par les rouges ! L'existence, pour eux, devenait impossible. Il leur fallait s'expatrier. C'est dans les rangs de ces victimes prolétariennes de l'extrémisme bolchevique que le premier contingent ouvrier du fascisme, le premier noyau des syndicats fascistes se recruta.

CHAPITRE XIV

LA MÊLÉE DES PARTIS

Ainsi donc se forma le mouvement : des éléments, poussés par des intérêts positifs ou obéissant à un idéal, des éléments, venus de l'armée, de la bourgeoisie, de l'industrie, de la finance ou de l'école, des passions exaspérées, des colères comprimées, des promesses violées, des sentiments outragés, toutes les mentalités de la guerre et tous les ferments de l'après-guerre, rassemblés, concentrés à un certain moment, dans une atmosphère volcanique : voilà de quoi a été faite l'explosion fasciste en Italie.

Elle commença par l'action de groupes livrés à eux-mêmes. Armés de matraques ou de revolvers, de bombes à main ou de bidons incendiaires, partout où il y avait une ligue, une coopérative, une municipalité, non seulement communiste, mais socialiste ou populaire, les nouveaux venus, hissés sur des camions, allaient chercher, dans le fond des campagnes les plus reculées, les adversaires qu'il fallait abattre ou humilier. L'attaque se dirigea, indistinctement, contre toutes les organisations et tous les groupes qui, dans un endroit particulier, rassemblaient les plus grandes sympathies ou les adhésions les plus nombreuses des masses ouvrières militantes. Il arriva ainsi qu'à Reggio Emilia, à Modène, où dominaient les organisations socialistes-réformistes, l'offensive se déclancha contre elles. A Bologne, à Ferrare, à Turin, ce fut contre les organisations communistes ou contre celles qui, sous le nom de maximalistes, tout en partageant le programme de Moscou, en refusaient, cependant, les directions ; à Trévise, à Brescia, à Bergame, à Sestri et à Parme, contre les organisations syndicalistes, même contre celles qui s'étaient déclarées en faveur de la guerre. Il arriva même, dans la confusion des premiers combats, que des organisations apolitiques telles qu'un groupement de coopératives à Padoue, furent victimes des premiers exploits. Ici, c'était le siège d'une ligue paysanne qui flambait, là, une chambre de travail ; ailleurs, un bureau de placement, une fédération, un magasin, une mutualité, un cercle, un café, un cabaret. C'était l'attaque, la dévastation, inexorable, par le fer et par le feu (1).

Aux premières manifestations violentes, les groupes attaqués ne répondirent qu'assez faiblement ou presque pas. Ceux des agitateurs rouges qui professaient la violence dans leurs discours, se trouvèrent impréparés pour s'opposer à ces nouvelles méthodes de lutte. Lorsque les victimes commencèrent à tomber, on vit ceux qui avaient prêché le bouleversement, le mépris des lois bourgeoises, invoquer la Loi, invoquer la force de l'État en leur faveur. C'était en vain, car le dépositaire de cette force, le gardien de cette loi, l'État libéral, impuissant hier pour imposer le respect aux rouges, ne l'était pas moins aujourd'hui lorsqu'il s'agissait de les défendre contre leurs adversaires.

Du reste, au moment où le fascisme a commencé à agir, à la tête de l'État italien il y avait M. Gioitti, dont la tactique, constante, avait été toujours de réduire à l'impuissance les adversaires de l'État libéral, en les divisant ou en les dressant les uns contre les autres. Devant le fascisme, son plan ne tarda pas à se préciser. De même

_____

(1) L'usage de l'huile de ricin, réminiscence romaine, ainsi que des teintures, destinées à purger et à badigeonner la figure et, parfois, tout le corps de l'adversaire, n'est venu que plus tard.

qu'il avait laissé libre, aux extrémistes, le chemin qui le
avait menés à l'occupation des fabriques, d'où leu
influence sur les masses était sortie ruinée, de même
laissa le chemin libre aux adeptes du mouvement nou
veau. Il pensait, ainsi, réduire définitivement à l'impui
sance les socialistes par le fascisme, quitte à écrase
celui-ci plus tard, lorsque les vieux partis libérau
auraient pu prendre le dessus.

Ce plan apparut clairement lorsque M. Giolitti, ayar
dissous la Chambre, convoqua les électeurs pour en élir
une autre, où (ses organes le disaient sur tous les tons)
comptait réduire au minimum les deux partis principau
qui échappaient à sa direction et qui, unis ensembl
étaient capables de paralyser n'importe quel gouvern
ment : les socialistes et les populaires. C'est dans ce bu
que M. Giolitti favorisa la constitution de blocs de part
constitutionnels, dans lesquels les candidats fascist
eurent, partout, leur place. Les Chambres d'avant-guerr
avaient été si dociles avec leurs majorités amorphes, sous l
main de M. Giolitti ! Si la nouvelle avait pu leur ressen
bler ! Mais les choses se passèrent autrement. Malgré l'ac
tivité violente déployée par les fascistes, ou à cause mêm
de leur violence, les élections ne réalisèrent pas le rêve d
M. Giolitti. Les socialistes, débarrassés des communiste
revinrent à Montecitorio avec cent vingt-trois députés, le
populaires avec cent huit.

Les fascistes, qui avaient bénéficié, plus que les autre
groupes libéraux, de la discipline avec laquelle les élec
teurs des blocs avaient voté, entraient pour la premièr
fois, au Parlement, avec une trentaine de représe
tants.

Dès le lendemain, M. Mussolini tint à déclarer : « Nou
serons les adversaires du ministère Giolitti, non seule
ment pour des raisons de politique intérieure, mais auss
pour des raisons de politique extérieure. Je pense que le
élections ont donné tort à Giolitti et que Giolitti ne repr

sente pas et ne peut représenter les trois forces dominantes de la vie politique italienne : populaires, socialistes
et fascistes. » En attendant, à la faveur de l'appui, ou
plutôt de la passivité gouvernementale, l'activité fasciste
se développa et, s'étendant tous les jours à de nouvelles
zones, devint plus âpre et plus cruelle. L'organisation
des escouades improvisées se perfectionna. Leurs armements, leurs réserves de guerre s'accrurent. Bientôt, la
supériorité d'un outillage, rendu plus efficace par des
méthodes extrêmement rapides de concentration, donna
au mouvement une force irrésistible. Des groupes minus-
cules de fascistes pouvaient faire irruption dans des
milieux réfractaires, hostiles, et s'y imposer. A la moindre
réaction des adversaires, ils pouvaient faire appel au
concours, immédiat, de leurs camarades des endroits les
plus proches, prêts à accourir sur leurs camions, pour
enlever toute velléité de revanche aux vaincus. Rares
étaient les cas, dans les villages ou dans les petites villes,
où la masse ouvrière n'eût pu écraser les rares fascistes à
demeure parmi elle, mais la certitude que, si un cheveu
était enlevé à l'un d'eux, des centaines d'autres seraient
arrivés en tourbillon, le lendemain, dans le pays, suffisait
à les protéger.

La rapidité et l'inéluctabilité de la représaille ont
contribué au succès des fascistes. On s'explique, par là,
que des groupes de deux ou trois, paraissant soudainement dans une assemblée, pouvaient en sortir une heure
après, en rapportant la preuve que ses membres étaient
convertis. Dans ces assemblées, se trouvaient des hommes
qui s'étaient battus dans les tranchées, qui avaient pratiqué le mépris de la mort pendant quatre ans et qui,
maintenant, mêlés aux autres, devant les sommations, se
montraient, comme les autres, incapables de réagir.

A partir surtout du mois de juillet 1921, il ne se
passa pas de jour sans que les journaux italiens n'eussent
à enregistrer, à côté des destructions, des invasions et

des incendies, des tueries effroyables. La page émouvante, dictée par Papini et reproduite au commencement de cette étude, suffit pour en faire sentir l'horreur. Or, il est arrivé que, sous l'impression des exploits violents, devant des hommes et des femmes, tombés pour leurs idées véritables, ou pour celles qu'on leur attribuait, un courant de sympathie, la sympathie qui se dégage de toutes les figures de victimes, se produisit parmi ceux-là mêmes qui étaient loin de partager les principes de l'extrémisme rouge. Et là où celui-ci n'avait jamais pu s'implanter, sous la réaction sentimentale provoquée par la violence fasciste, ses partisans surgissaient. C'est ainsi que des régions qui avaient toujours été tranquilles et où les luttes politiques et sociales s'étaient toujours déroulées sans excès comme Pérouse, Orvieto, comme des petites communes, perdues dans les vallées des Apennins ou des Alpes, où le communisme et le socialisme étaient inconnus avant, devinrent, elles aussi, des champs ouverts à la bataille fratricide.

Lorsque le fascisme a pris son essor, les adhérents du communisme étaient en débandade. Leurs représentants, dans les syndicats, étaient réduits au minimum. Dans le congrès socialiste de Livourne, où ils s'étaient comptés, ils n'étaient plus que quinze mille. Or, après deux ans d'action fasciste, si l'on juge de la liste des villes et des villages vers lesquels le fascisme devait, tous les jours, diriger « ses expéditions punitives », ils s'étaient étonnamment multipliés.

Le danger des excès d'une offensive, poussée au delà de toute limite, n'échappa pas à M. Mussolini. Les efforts qu'il tenta pour amener les siens à une discipline plus sévère ne sont pas tous connus des profanes. Dans le *Popolo d'Italia*, il proclama, à plusieurs reprises, son désir d'une paix honnête et loyale, « à la seule condition, cependant, que les fascistes, écrivait-il, ne soient pas les seuls à l'observer ». Avec son concours, sous les auspices du groupe fasciste du Parlement, M. Bonomi, qui, entre temps, avait succédé à M. Giolitti à la tête du gouvernement, réussit à obtenir la conclusion d'un accord entre les chefs des deux partis principaux pour mettre fin aux hostilités. Mais une semaine après sa conclusion, les batailles recommencèrent. Les fascistes de l'Emilie, de la Romagne et de la Toscane firent encore plus ; ils refusèrent, dans leurs assemblées, d'approuver le traité de pacification, et ils désavouèrent M. Mussolini pour y avoir travaillé. M. Mussolini répondit en démissionnant du comité de direction des fasci. Repoussée immédiatement, la démission fut retirée, mais, dans son journal, M. Mussolini continua à formuler des conseils de modération et de sagesse. « La violence, admonestait-il, doit être intelligente et non pas brutale ; elle doit être une violence de guerriers et non pas d'apaches. Il faut agir comme agissent les forts, être en alerte, toujours, avec les pistolets prêts afin que l'ennemi ne soit pas tenté de reprendre sa contre-offensive bolchevique ; mais, en même temps, nous devons nous accorder le luxe d'être généreux et chevaleresques envers les éléments mystifiés et repentis... Une fois l'organisation politique du socialisme rendue inoffensive, il n'y a plus aucune raison d'exercer la violence contre les individus et les institutions... »

On pourrait multiplier les citations de cette nature. La collection du journal milanais, pendant le second semestre de 1921 et les premiers mois de 1922, est pleine de ces rappels au « sens de la limite ».

« C'est une question essentielle pour les fascistes, écrivait M. Mussolini un autre jour, que de montrer qu'ils possèdent le sens de la limite. Le perdre équivaudrait, peut-être, au sabotage d'une grande victoire. Lorsqu'on a vaincu, il est dangereux de chercher encore à vaincre. On était des opprimés et l'on devient des tyrans. »

Mais la voix se perdait dans le désert. Une fatalité,

plus forte que tous les raisonnements, entraînait tout le mouvement à s'enfoncer, de plus en plus, sur le chemin de la violence. La violence accroissait les colères ; et, pour empêcher que celles-ci n'explosent, une violence plus intense s'imposait...

MUSSOLINI ET LE FASCISME

plus forte que tous les raisonnements, entraînait tout le mouvement à s'enfoncer, de plus en plus, sur le chemin de la violence. La violence accroissait les colères ; et, pour empêcher que celles-ci n'explosent, une violence plus intense s'imposait...

CHAPITRE XV

Seule l'intervention de l'autorité de l'État aurait pu briser le cercle tragique dans lequel le fascisme était enfermé. Cette intervention, M. Mussolini la souhaita (ses écrits le témoignent), l'espéra. Il désirait qu'en favorisant le retour d'une atmosphère de calme, elle eût rendu possible la valorisation de ce qu'il y avait d'éléments positifs et reconstructeurs dans le fascisme. Hélas ! L'État, sous le ministère Bonomi, montrait, bien plus que sous le cabinet précédent, son ataxie. Toute l'action du gouvernement se réduisait à un jeu de balançoire : un jour, il donnait raison aux fascistes, le lendemain à leurs adversaires ; et à ces derniers il continuait, comme par le passé, à assurer des faveurs et des subventions. La composition de la Chambre, où les socialistes, battus, déprimés dans le pays, formaient, toujours, avec les populaires, un bloc antifasciste, ne permettait pas à M. Bonomi une attitude hostile à ces deux partis ; et l'état du pays, sans parler des attaches politiques de M. Bonomi, qui, en 1921, avait été élu sur une liste appuyée par les fascistes, ne lui laissait pas de possibilité d'inaugurer, contre ces derniers, une politique d'ordre et de répression. Où chercher une solution à cette impuissance de l'État, sinon en enlevant le pouvoir aux partis libéraux, sans base dans les masses et n'ayant, de ce fait, aucune autorité pour agir ?

Le projet d'un gouvernement, formé par les socialistes

et les populaires, fut ébauché ; des pourparlers eurent lieu dans ce but. Mais, malgré un vote favorable du Congrès du parti populaire, tenu au mois d'octobre 1921 à Venise, l'état-major socialiste, dominé par un esprit d'intransigeance (où entrait pour beaucoup le souvenir de l'anticléricalisme qui l'avait bercé à l'origine), dans un congrès, à Milan, s'était manifesté contraire. Un krach inattendu, l'écroulement de la Banque nationale d'escompte, qu'une simple intervention gouvernementale aurait pu sauver, frappant toutes les classes, vint montrer à qui pouvait encore en douter, à quel degré la paralysie de l'État compromettait, même en dehors de la pure politique, la vie du pays.

Le successeur de M. Bonomi était déjà désigné : M. Giolitti restait le seul homme, parmi les anciens, ayant conservé assez de prestige pour tenter de restaurer encore l'empire de la loi. La crise éclata au mois de janvier 1922. Un simple *veto*, formulé par l'abbé Sturzo, secrétaire politique du parti populaire, suffit pour empêcher le retour de l'ancien dictateur. La crise ministérielle resta, pendant un mois, sans solution. Puis, ceux qui n'avaient pas voulu de M. Giolitti consentirent à accepter, à la tête du gouvernement, le plus faible de ses lieutenants : M. Facta.

On baptisa le nouveau président du Conseil « Romulus Augustulus ». Ainsi que le dernier des empereurs romains, il semblait vraiment fait pour présider à la fin d'un régime. Après la trêve d'armes du printemps 1922, imposée, par l'ouverture de la Conférence de Gênes, à tous les partis, la mêlée sanglante recommença. Ses épisodes les plus atroces ne réussirent pas à ébranler la sérénité de M. Facta ; jamais l'autorité gouvernementale ne s'était montrée plus absente, plus infidèle à son devoir.

Alors, contre ces hommes qui s'obstinaient à laisser le pays aller à la dérive, sans montrer le moindre souci du danger grandissant, dans l'esprit du chef du fascisme et de ses collaborateurs l'idée d'une action décisive, non plus contre le communisme, mais contre le vieux libéralisme, attaché comme l'huître au rocher du pouvoir, surgit comme un moyen de salut suprême. Le sujet figura pour la première fois à l'ordre du jour du Conseil national fasciste en juin 1922.

C'était l'aboutissant de l'évolution intime de M. Mussolini. Déjà, en 1919, au moment de la fondation des fasci, il pensait que l'ennemi véritable n'était pas la foule polychrome, mais les classes libérales qui gouvernaient l'Italie depuis l'achèvement de son unité, en 1870, marquée par la prise de Rome. Cette idée est formulée dans le *Popolo d'Italia* du 20 mars 1919, au lendemain de la première assemblée du premier fascio : « L'Italie est gouvernée depuis 1870 (peut-être, pour être exact, il faudrait dire depuis 1876) (1) par une coterie d'avocats, mise au service de quelques groupes, rares et changeants, de spéculateurs. Ce sont des professionnels de la politique parlementaire qui ne s'appuient sur aucune classe véritable de la nation, ni sur les agriculteurs, ni sur le capitalisme individuel, mais qui maintient son équilibre, en s'appuyant aujourd'hui sur l'une, demain sur l'autre. Cette coterie, dépourvue d'instincts profonds, n'a que l'habileté, tout inférieure, d'exploiter, avec de la ruse et des mensonges, — moyennant cet art spécial qui s'appelle démagogie, — les instincts populaires pour se maintenir au pouvoir. »

Cette doctrine, profondément adverse au libéralisme italien, n'était pas spéciale à M. Mussolini. Même ceux qui, parmi les chefs du mouvement fasciste, semblaient devoir se singulariser par des tendances et une culture personnelles, les partageaient. Ainsi, M. Dino Grandi, qui parut à un certain moment s'opposer, pour ses idées sur le mouvement syndicaliste, à M. Mussolini, dans un discours, tenu à Rome au deuxième Congrès national des

---

(1) En 1876, la droite libérale, qui avait eu comme chefs Cavour, Ricasoli, Minghetti, fut remplacée au pouvoir par la gauche libérale avec Crispi, Nicotera, Zanardelli, etc.

fasci en 1921, lançait ainsi l'anathème à l'État libéral :
« L'État italien n'est pas l'État national, c'est l'État
libéral, ouvert à toutes les démagogies corruptrices, à
toutes les formes d'arbitraire, à toutes les violences, à
toutes les licences, à tous les appétits ; c'est l'État déma-
gogique qui a fait, du droit de la « liberté », un moyen pour
détruire la « liberté » même, un institut de protection,
ouvert à tous les courants antinationaux de notre pays.
Entre l'État et la nation, il existe, aujourd'hui, une opposition irréductible, un contraste absolu. » Et il ajoutait :
« Ce contraste, indéniable, fatal, est senti, par la grande
masse fasciste, de plus en plus, selon que sa capacité,
matérielle et révolutionnaire, s'accroît. »

C'est donc dans un esprit de fidélité à ses propres idées
et à celle de ses troupes que M. Mussolini reprenait dans
le *Popolo d'Italia*, en 1922, le procès des classes libérales.
A lire ses articles dans les derniers mois qui précédèrent
la marche sur Rome, on serait tenté de croire que le socialisme avait presque cessé d'être, pour lui, un sujet de
polémique et que le chef du fascisme réservait au libéralisme tout son esprit de combativité.

Lorsque M. Facta fit signer un décret, portant que le
1er mai était déclaré fête nationale, le *Popolo d'Italia*
parut avec une manchette qui disait : « L'État libéral est
lâche. » Et dans l'article qui suivait, signé Mussolini, on
expliquait qu'un État lâche n'a plus le droit de vivre.
C'était l'arrêt de mort, un arrêt longuement médité, ainsi
qu'on peut le voir par les raisons qu'en donna *Gerarchia*, la
revue fasciste, dans un article, reproduit en tête des
colonnes du même *Popolo d'Italia* :

« Le but suprême du fascisme semble devoir être la
destruction de l'État libéral. Un système de gouvernement
comme le gouvernement actuel, fondé seulement sur un
compromis, sur un moyen terme, sur l'expédient, est
déjà condamné par l'histoire. Que ce soit par la main d'un
ennemi de l'étranger ou que ce soit par une insurrection

de l'intérieur, la démocratie italienne doit mourir. Le patriotisme impose la réalisation de la seconde hypothèse. »

Alarmés, des organes libéraux répondent. Et le 18 août, M. Mussolini leur réplique de la façon suivante :

« Les glandes interstitielles de tous les chimpanzés de l'Équateur ne suffiraient pas à rendre la virilité à un vieillard en décrépitude. Les conditions de l'État libéral italien le rendent digne, à peine, de l'*Alala* funèbre du fascisme. »

C'est ce langage même qu'il fera entendre, à Udine, le 21 septembre et, à Milan, le 4 octobre, dans les deux discours qui serviront de préface à ce Congrès fasciste de Naples d'où l'ordre de départ, aux escouades, pour la marche sur Rome, partira.

A Udine, M. Mussolini disait : « La classe politique qui nous gouverne a mené la guerre comme une affaire d'administration ordinaire. Ces hommes... nous apparaissent, aujourd'hui, comme des dépassés, des hommes usés, des vaincus... Ces hommes, qui sont habitués surtout à la mystification parlementaire, nous apparaissent d'une taille trop petite à côté des événements... Il faut aborder le problème de la dissolution d'une classe politique qui a toujours pratiqué, dans ces derniers temps, une politique d'abdication vis-à-vis de ce fantoche, enflé de vent, qu'était le socialisme italien... »

A Milan, à la Squadra Sciesa, il parle un langage plus net encore : « L'État libéral est un masque derrière lequel il n'y a aucun visage. C'est un échafaudage derrière lequel il n'y a aucun édifice. Il y a des forces, mais il n'y a plus d'âme. Tous ceux qui devraient être avec cet État sentent qu'il est en train d'atteindre l'extrême limite de la honte et du ridicule... » S'il y a un prolétariat infect, il y a une bourgeoisie qui l'est bien plus. « Il y a un prolétariat qui mérite d'être châtié pour qu'on lui donne, ensuite, la possibilité de se racheter : il y a une bourgeoisie qui a de la haine pour nous, qui tente de mettre la confusion dans nos rangs, qui paye toutes les feuilles qui nous calomnient, une bourgeoisie pour laquelle nous n'aurons plus le moindre frisson de pitié. »

Ainsi parlait M. Mussolini.

CHAPITRE XVI

L'ARMÉE DES CHEMISES NOIRES

Ainsi, au début de l'année 1922, le but de la bataille décisive était marqué. Elle était menée pour détrôner les vieux partis libéraux. Les événements travaillaient à la hâter. M. Facta, atteint par un vote de la Chambre, à la suite d'une discussion sur la destruction, faite à Crémone, par les fascistes, de la maison du député populaire Miglioli, démissionna. Mais, devant l'impossibilité de lui trouver un successeur capable de prendre contre le mouvement fasciste une attitude résolue, le roi le rappela au pouvoir. Jamais l'atmosphère n'avait été plus trouble. Le fascisme n'était plus simplement un mouvement de groupes armés. C'était une armée véritable qui venait de se donner une constitution militaire, une discipline et des chefs ; et tout cela publiquement, car le *Popolo d'Italia* n'hésita pas à publier le règlement définitif de l'organisation des milices.

Cette organisation était parfaite de simplicité. L'Italie était divisée en douze zones. Le commandement suprême était aux mains d'un état-major général, composé de trois chefs et d'un secrétaire militaire. Les milices étaient divisées en *principi* ou combattants de première ligne et en *triari* ou réserves. C'était la reproduction de l'organisation militaire de la Rome antique. L'unité de l'armée était l'escouade, composée de quinze ou vingt hommes : trois escouades formaient un manipule sous un décurion, trois manipules, une centurie sous un centurion ; trois centuries, une cohorte sous un senior ; de trois à six cohortes, une légion sous un consul ; de trois à six légions, un groupe sous un commandant de groupe. Toutes les légions, dans une même zone, dépendaient d'un inspecteur de zone.

L'uniforme, déjà adopté dans certaines régions, était généralisé. Il se composait d'une culotte grise, de jambières, d'une chemise noire, d'une calotte noire avec gland. L'armement individuel était constitué d'un revolver et d'un solide bâton plombé. Il devait être complété, le jour de la marche sur Rome, par la carabine et le casque de guerre. Cela pour l'organisation matérielle.

Le règlement disciplinaire, édicté par le commandement général du parti, reflète la psychologie, bizarre et étrangement mystique, de son auteur, M. Cesare de Vecchi, député de Turin. Et voici se articles les plus caractéristiques. Les premiers suffiraient à faire comprendre pourquoi le fascisme a été, par M. Mussolini, défini une « religion ».

« Le parti fasciste est, par lui-même, une milice.

« La milice fasciste est au service de Dieu et de la patrie italienne. Elle prête le serment suivant : « Au nom de « Dieu et de l'Italie, au nom de tous ceux qui sont tombés « dans les batailles pour la grandeur de l'Italie, je jure « de me consacrer exclusivement et sans relâche au « bien de l'Italie. »

« L'uniforme militaire de la milice est le symbole de la mâle vigueur nouvelle qu'elle donne à l'Italie et de l'établissement d'une hiérarchie formidable à qui le parti confiera éventuellement les destinées de l'Italie.

« La milice servira l'Italie en toute pureté, avec un esprit imbu d'un profond mysticisme, fondé sur une loi inébranlable, dominé par une volonté inflexible, résolu à s'imposer n'importe quel sacrifice pour sa foi, conscient du poids d'une mission terrible pour sauver notre mère à tous et la fortifier et la purifier. »

Les articles qui suivent concernent les devoirs des individus :

« Le soldat fasciste ne connaît que son devoir. Son seul droit est de le remplir et de l'aimer.

« Qu'il soit officier ou soldat, il doit obéir avec humilité et commander avec force. L'obéissance de cette milice volontaire doit être aveugle, absolue et respectueuse, jusqu'au degré le plus élevé de la hiérarchie, le chef suprême et le comité exécutif du parti.

« Le soldat fasciste a une morale qui lui est particulière. La loi morale commune, relative à la famille, à la politique, aux relations sociales, est sans valeur pour lui. Sa loi est l'honneur, comme c'était la loi des chevaliers des temps passés, une loi qui vise au plus haut degré de la perfection, sans jamais l'atteindre, une loi toute-puissante, sévère, de justice absolue même quand elle est en conflit avec la loi écrite, formelle, qui lui est toujours inférieure. La milice fasciste rejette les impurs, les indignes, les traîtres. Les voici définis :

« Est impur celui qui, bien que suivant les règles de la discipline, ne se conforme pas entièrement aux ordres du fascisme, les ignore, ne les met pas en pratique ou les viole d'une façon quelconque ; celui qui a une faiblesse quelconque de caractère ; celui qui n'emploie pas tous les moyens en son pouvoir pour attaquer courageusement les ennemis intérieurs, secrets ou déclarés de l'Italie ; celui à qui manque le sentiment de faire face aux ennemis de l'Italie suivant les principes d'une vie pour une vie, un œil pour un œil, une dent pour une dent, un pied pour un pied, une blessure pour une blessure, un coup pour un coup, un incendie pour un incendie ; celui qui manque, en quoi que ce soit, de foi, qui a le moindre scepticisme, le moindre soupçon de doute, lorsqu'une action militaire est engagée.

« Est indigne celui qui résiste à la discipline ou refuse, soit positivement, soit négativement, de reconnaître la hiérarchie, qui discute l'application des ordres du fascisme militant ou essaie, formellement d'en gêner l'exécution ou d'en médire, qui viole les lois de l'honneur, comprises dans le sens le plus strict, qui ne montre pas son courage en face de tout ennemi qui peut lui être désigné par ses chefs, qui, à toute occasion, ne remplit pas à l'égard des camarades de sa foi, les devoirs de la solidarité la plus ferme, moralement et matériellement.

« Est un traître celui qui, de quelque façon, sous quelque forme, de quelque manière que ce soit, offense ou insulte les membres de la milice fasciste, sème la méfiance des chefs, crée ou cherche à créer des scissions qui excitent ou provoquent des mouvements de rébellion dans une escouade, parmi les légions, les manipules, les centuries, les cohortes, qui provoque des dissensions entre la milice fasciste et les chefs responsables des organes politiques, qui excite, avant, pendant, après une action, n'importe quelle sorte de mécontentement par la propagation d'autres doctrines, qui, d'une façon quelconque, soutient une intrigue préjudiciable à l'Italie et au fascisme, qui donne sa démission ou se retire de la milice fasciste, parle contre elle, l'insulte, ou, d'une façon quelconque, sape son existence, viole n'importe comment, ou pour n'importe quelle raison, le secret qui lui a été confié par ses supérieurs ou par ses égaux, qui manque au serment des fascistes. »

Les formes dans lesquelles seront jugés les « impurs », les « indignes » et les « traîtres », ainsi que les peines qui leur seront infligées, sont indiquées en détail. Une autre partie du règlement est destinée aux chefs :

« Les chefs du fascisme, aussi bien militaires que politiques, ont la responsabilité la plus sérieuse. Celui qui veut construire aujourd'hui la nouvelle hiérarchie de l'Italie de demain, doit posséder le caractère d'un seigneur féodal, la force de volonté d'un maître souverain, le charme personnel et magnétique d'un apôtre et un cœur aussi grand que l'Italie.

« Avant tout, au-dessus de la foi, de la force, de la passion et des armes, il doit être un maître dans la voie du sacrifice.

« Le chef doit, suivant son rang, prêcher d'exemple. Il a le droit et le devoir d'employer la force à l'égard de ceux qui sont au-dessous de lui. Ce devoir ne peut jamais être rempli, s'il ne crée pas l'affection autour de lui, car l'affection engendre le sacrifice.

« Le chef doit exiger la discipline la plus stricte de ceux qui sont au-dessous de lui et doit observer, pour lui-même, une discipline rigide. S'il manque à ce devoir, il se rend impur.

« Si une armée ne se bat pas, la responsabilité en retombe entièrement sur le général. Si une force militaire, quelle que soit sa puissance, manque à son devoir d'une façon quelconque, qu'il s'agisse de certaines individualités ou d'un groupe entier, la responsabilité retombe sur ses chefs plutôt que sur ses soldats. Si une milice volontaire n'est pas parfaitement dressée, elle devient le pire des maux ; si elle est bien dressée, elle est prête, comme l'a toujours été le fascisme, pour les plus grandes choses. Le chef qui ne s'élève pas à la hauteur de ces traditions se rend impur. »

D'autres articles traitent de la « nécessité de la hiérarchie » pour la milice comme pour le pays. D'autres contiennent les préceptes pour « le développement moral de la discipline ». Et ce sont, enfin, d'autres obligations, indiquées aux chefs des escouades. « Les responsabilités des chefs des escouades sont très grandes. Ils doivent être les amis de leurs hommes, leur autorité doit être fraternelle. Les deux tiers, au moins, de leurs hommes doivent toujours être sous leur main, immédiatement. Ils doivent veiller à leur parfaite correction sous tous les rapports, même dans leur vie privée. »

CHAPITRE XVI

LA VEILLÉE D'ARMES

A d'autres heures, les adversaires du fascisme auraient pu rire d'une organisation obéissant à des lois qui semblaient tirées de ces constitutions primitives sur lesquelles le moyen âge façonnait ses ordres monastiques et guerriers. Mais la plaisanterie n'était pas de mise, là, où une armée, complètement équipée, outillée, se dressait.

Les organes gouvernementaux semblèrent ne pas s'émouvoir d'un fait que l'État n'était plus en mesure de réprimer. Seuls les partis de l'extrême gauche songèrent à réagir. Sous le nom d' « Alliance du travail », ils constituèrent une coalition dans laquelle socialistes, communistes et républicains et les organisations syndicales de toutes nuances, à l'exclusion seulement des syndicats blancs, entrèrent immédiatement. Cette coalition invita le gouvernement à mettre un terme à l'activité du fascisme. N'ayant pas reçu de satisfaction, le Comité central de l'Alliance décréta, dans toute l'Italie, la grève générale. Celle-ci devait commencer le 1er août 1922. M. Mussolini, dans le *Popolo d'Italia*, formula, le même jour, une sommation à l'adresse du gouvernement :

« Si le gouvernement ne met pas fin à la grève dans un délai de quarante-huit heures, les fascistes s'en chargeront. »

Le gouvernement resta immobile. Et les fascistes tinrent leur promesse. Leurs escouades descendirent dans les rues. Des combats en règle eurent lieu dans plusieurs villes du nord de l'Italie et du centre. Ancône, défendue par les rouges avec des barricades, fut prise d'assaut par un groupe de fascistes qui dut, ensuite, tenir tête à des milliers d'adversaires jusqu'à ce que des colonnes fascistes, venues de Bologne et de Pérouse, arrivèrent enfin pour le libérer.

Le 3 août, les fascistes expulsaient le conseil municipal socialiste de l'hôtel de ville de Milan. Du balcon du palais, d'Annunzio, arrivé de Gardone, vint prononcer un discours invoquant la paix que la foule applaudit sans comprendre. Le 9 août, les ligues des travailleurs de la mer, qui avaient établi, depuis dix ans, leur monopole sur le port de Gênes, étaient chassées par les fascistes, et M. Giulietti, leur chef, fameux par ses évolutions, obligé à chercher un abri dans la république de Saint-Marin.

Très faiblement soutenue par les masses, la grève générale avait avorté. M. Mussolini jugea venu le moment d'agir. Il commença par demander, au nom de son parti, la dissolution complète de la Chambre. « Elle a cessé de représenter, disait-il, la véritable nation. » M. Facta refusa. M. Mussolini demanda alors la démission du cabinet et son remplacement par un autre, dans lequel une large part aurait dû être faite aux fascistes. Alors, entre Cavour, où M. Giolitti séjournait, et Milan et Rome, des négociations commencèrent. MM. Giolitti, Salandra et Orlando y prirent part. L'accord semblait fait entre ces trois leaders libéraux et M. Mussolini pour un nouveau cabinet où le fascisme, pour la première fois, aurait eu sa place. M. Mussolini laissa circuler la nouvelle sans la démentir.

Le 6 octobre, une réunion des chefs fascistes eut lieu à Milan. On y décida que le général Fara et le général Ceccherini prendraient le commandement de deux colonnes fascistes, chargées de marcher sur Rome par deux voies différentes. Le 15, une seconde conférence préparatoire eut lieu à Florence. M. Mussolini, partout, passe en revue les escouades ; parle à Udine, à Crémone, à Milan. A Udine, devant les collines du Carso, au pied duquel sont

alignés les cimetières des victimes de la guerre, il aborde la
question du régime pour rassurer ceux qui doutaient
encore de son attachement à la monarchie. « La révolution fasciste, affirme-t-il, ne veut pas remettre tout en
jeu. » Il ajoute qu'il s'agit de « démolir, tout d'abord,
les bâtisses socialistes et démocratiques ». A Crémone,
il précise mieux l'objet de la lutte : celle-ci doit être
dirigée contre la vieille Italie en décrépitude qui a laissé
aller la patrie à la dérive. A Milan, il confirme son programme. Il faut agir, il faut prendre d'assaut l'État,
pour empêcher la ruine de la nation. De Milan, il passe
à Naples, le 24 octobre. Là, une concentration de
40 000 fascistes en uniforme et de 50 000 ouvriers a été
ordonnée. C'est ce jour-là que la marche sur Rome a été
véritablement decidée.

On peut l'affirmer aujourd'hui : lorsque M. Mussolini
débarqua à Naples, il hésitait encore. Dans le discours
qu'il prononça le matin du 24, au théâtre San-Carlo,
il déclara : « Si le gouvernement ne cède pas aux
demandes de ceux qui représentent la nation, les chemises noires marcheront sur Rome. » Et M. Mussolini
énonça encore une fois ses demandes. Les principales
étaient : la dissolution de la Chambre, la réforme électorale, les élections dans un court délai et cinq ministères,
les plus importants, cédés aux fascistes. La marche sur
Rome pouvait donc encore être évitée. Une partie de
l'assistance parut le croire. Mais l'après-midi, lorsque,
sur la vaste place du Plébiscite, le défilé des chemises
noires, devant la tribune où le chef prit place, était sur
le point de finir, on vit M. Mussolini, resté impassible
jusque-là, changer brusquement d'attitude et répondre
aux milices qui, depuis deux heures, criaient : « A Rome !
à Rome ! » par un geste significatif, comme s'il avait
attendu de voir, de près, ses forces, avant de se décider.
Le soir, à l'hôtel du Vésuve, devant la mer bleue, les
chefs fascistes, réunis, décidèrent de lancer, le lendemain,

un ultimatum, invitant le gouvernement à leur remettre, dans un délai de quarante-huit heures, le pouvoir. M. Facta était averti que, si satisfaction ne leur était pas donnée, les légions fascistes recevraient l'ordre de s'emparer de la capitale.

Rentré chez lui à Milan, M. Mussolini prit les dernières dispositions. Un quadrumvirat avait été désigné. Il était composé de M. Bianchi, secrétaire général des légions fascistes, de M. Italo Balbo, chef des forces d'action, du député Devecchi et du général de Bono qui avait commandé, jadis, un corps d'armée pendant la guerre. Mussolini les présidait. Le général de Bono avait pleins pouvoirs pour agir. On prétend même qu'à côté de ce quadrumvirat militaire, un triumvirat politique était aussi désigné : il devait prendre, dans ses mains, la direction suprême du pays à la place du roi, dont l'attitude, vis-à-vis du fascisme, n'était pas sûre. Cet autre triumvirat devait être composé par M. Mussolini, le duc d'Aoste, cousin du roi, et par d'Annunzio. M. Mussolini avait cru, prétend-on, qu'à l'heure suprême de l'action, le poète ne lui aurait pas refusé son concours. Et l'on ajoute que les deux messagers, envoyés par M. Mussolini à Gardone, à la veille de la marche, revinrent à Milan avec un refus, justifié par la fidélité due au roi. Ce n'est peut-être qu'une légende... Rentrons dans l'histoire.

Très peu de gens avaient eu la sensation exacte de la réalité imminente. Le 26 octobre, M. Salandra, chef de la droite, qui avait pu croire que les fascistes songeaient à appuyer la formation d'un ministère, présidé par lui, après avoir écarté les autres, se présentait au palais Viminale pour demander à M. Facta, au nom des fascistes, de donner sa démission. Un long conseil des ministres eut lieu ; les démissions furent envoyées au roi qui, de San Rossore, rentra immédiatement à Rome. Mais, en attendant la désignation de leurs successeurs, les ministres déclaraient qu'ils resteraient à leur place pour défendre l'ordre et pour s'opposer à toute entreprise violente contre l'État.

Dans le plan de campagne fasciste, il était prévu que la concentration devait se faire de nuit et secrètement. Par une erreur d'interprétation, les fascistes de Toscane se réunirent ouvertement, en plein jour. L'alerte fut donnée, à Rome, la nuit même. M. Facta décida de proclamer l'état de siège dans toute la péninsule. Le décret fut communiqué au préfet et à la presse avant même qu'il fût signé par le roi.

CHAPITRE XVIII

LA MARCHE SUR ROME

Le souverain avait été averti en temps de la gravité des dispositions prises par les fascistes.

La mobilisation de leurs escouades était, le soir du 27, à peu près achevée. Ainsi que M. Mussolini a pu le raconter lui-même dans son journal, une grande partie de l'Italie septentrionale était passée dans les mains des fascistes. Les centres de l'Italie centrale, de la Toscane, de l'Ombrie, des Marches, du nord du Latium étaient occupés par les « Chemises noires ». Là où les postes de police et les préfectures n'avaient pas été pris d'assaut, les fascistes avaient occupé les gares des chemins de fer et les postes, c'est-à-dire les centres nerveux de la vie de la nation. L'autorité politique, peu surprise, mais très abattue, n'avait pas été capable de s'opposer au mouvement, « car un mouvement de cette nature, écrivait le *Popolo dItalia*, on ne peut pas l'arrêter, bien moins encore on peut l'écraser. »

Le quadrumvirat, désigné pour diriger les milices, s'était installé à Pérouse où tous les moyens de communication étaient, du premier moment, tombés dans ses mains ; de là, les quatre dirigeants, le secrétaire général du parti M. Bianchi, le général de Bono, le député Devecchi et Italo Balbo, adressèrent aux Italiens une proclamation martiale. Elle disait : « L'heure de la bataille décisive a sonné. Il y a quatre ans, l'armée nationale déclanchait, dans ce même jour, l'offensive suprême qui l'amena à la victoire. Aujourd'hui, l'armée des « Chemises noires » reprend, dans ses mains, la victoire mutilée et, visant désespérément sur Rome, la ramène à la gloire du Capitole. Dès aujourd'hui, *principi* et *triari* sont mobilisés. La loi martiale du fascisme entre en pleine vigueur. Par ordre du chef, les pouvoirs militaires, politiques et administratifs de la direction du parti passent dans les mains d'un quadrumvirat secret d'action avec des pouvoirs dictatoriaux.

« L'armée, réserve et sauvegarde suprême de la nation, ne doit pas participer à la lutte. Le fascisme renouvelle l'expression de sa très haute admiration à l'armée de Vittorio Veneto ».

La proclamation continuait, affirmant que le fascisme ne marchait pas contre les agents de la force publique mais « contre une classe politique de faibles et de déficients qui, pendant quatre longues années, n'ont pas su donner un gouvernement à la nation. » Elle promettait d'aider toutes les forces de la production, de garantir les « justes droits » des travailleurs et des employés. « Nous serons, ajoutait-elle, généreux à l'égard des adversaires désarmés, mais nous serons inexorables à l'égard des autres. » Et voici la conclusion : « Nous invoquons le Très-Haut et les âmes de nos cinq cent mille morts pour qu'ils témoignent qu'un seul désir nous pousse, une seule volonté nous rassemble, une seule passion nous enflamme : contribuer au salut et à la grandeur de la patrie. »

Le théâtre principal d'opérations était l'Italie centrale. C'est là que le commandement général avait mobilisé la masse de manœuvre qui, formée en trois colonnes, par les voies ordinaires et sur des trains militaires, spécialement organisés, devait s'acheminer « d'une façon foudroyante » — ainsi s'exprimait l'ordre de marche — vers le côté nord de Rome.

La réserve générale des milices avait été concentrée à

Foligno. Le reste des forces, qui montait à 150 000 chemises noires, parfaitement encadrées et équipées, devait rester dans les autres régions à attendre les ordres ultérieurs. Dans les régions du Midi, le fascisme ne disposait que des milices des Pouilles et des Abruzzes : on les avait concentrées dans les environs de Naples, où les milices locales étaient assez faibles. Les « chemises noires » de l'Italie septentrionale avaient la consigne de faire pression sur les garnisons de l'armée régulière et sur les forces de police pour empêcher qu'elles puissent être transférées dans l'Italie centrale.

De tous ces préparatifs, le roi avait été informé par l'un des membres du quadrumvirat, M. Devecchi, qui, en bon et fidèle sujet, l'avait adjuré de ne pas mettre la dynastie en danger, en prenant parti contre le fascisme à cette heure critique.

Aussi bien, lorsque le lendemain 28, M. Facta se présenta au Quirinal pour l'inviter à signer le décret instituant l'état de siège, il se heurta à un refus formel. Toutes les adjurations du chef du gouvernement démissionnaire ne réussirent pas à fléchir le roi. A midi, l'agence officieuse Stéfani, qui avait communiqué, le matin, en Italie et à l'étranger, la décision, publiait un second communiqué pour la démentir. Les troupes, qui bivouaquaient déjà dans les rues, furent renvoyées dans leurs casernes. Néanmoins, quelques précautions furent prises ; les portes de Rome, ouvertes depuis 1870, furent fermées ; les réseaux de fils de fer établis sur les places, et des chevaux de frises sur les ponts, obstacles bien frêles à l'irruption préparée. Plus sérieuses avaient été les mesures prises sur la voie ferrée. Les rails ayant été enlevés sur un rayon de trente kilomètres autour de Rome, plus un train, depuis le 26, n'entrait plus dans la ville. Pour la même raison, les escouades fascistes, descendues dans la Toscane, de la Romagne et de l'Ombrie, durent s'arrêter à Monterotondo, au nord de Rome, pendant que les chemises noires de l'Abruzze s'établissaient à Tivoli et celles de Gênes, de Milan, de Bologne et de la région du nord-ouest, se rassemblaient à Santa-Marinella, près de Civitavecchia.

On a parlé de centaines de mille de miliciens mobilisés ; en réalité, ceux qui étaient massés sur le chemin de Rome ne dépassaient pas 60 000. Ils étaient armés de carabines et casqués, pour la plupart. Ils possédaient quelques mitrailleuses ; mais ils n'avaient pas de canons. L'action de l'armée régulière, autrement outillée, si l'état de siège avait été maintenu, aurait-elle suffi à avoir raison de cette masse de volontaires? Et d'abord, l'armée aurait-elle tiré contre ceux qui avaient commencé leur action, deux ans auparavant, en réhabilitant son rôle? Ce sont là des problèmes autour desquels, dans les cafés et dans les salons italiens, on disserte beaucoup... depuis que Mussolini est au pouvoir.

L'épilogue ne tarda point. Puisque l'illusion sur la possibilité d'un cabinet, présidé par d'autres que Mussolini, persistait, M. Salandra fut appelé au Quirinal pour le former. Il accepta. Mais ayant tout d'abord demandé à M. Mussolini son concours, il reçut un refus formel, appuyé par une dépêche, qui lui apprit que, pour M. Mussolini, il ne pouvait être question d'un cabinet présidé par des hommes des vieux partis. Une heure après ce refus, un coup de téléphone, de la part de l'aide de camp du roi, informait M. Mussolini que le souverain, désirait le consulter à Rome. Il y fut répondu immédiatement que M. Mussolini ne désirait pas se déranger pour une simple consultation. Il était décidé à n'entreprendre le voyage de Rome que dans le cas où un mandat précis de composer le nouveau cabinet lui eût été confié, et il demanda une réponse nette, par dépêche. La dépêche arriva et M. Mussolini, après avoir désigné son successeur à la direction du *Popolo*, monta dans le train de Rome. A Civitavecchia, un messager du roi l'attendait. On prétend que M. Mussolini avait déjà formé la liste du ministère : elle comprenait trois ministres fascistes, deux représentants du parti populaire, quelques personnalités appartenant aux différentes fractions des partis libéraux ; et, en outre, un ministre socialiste, l'ancien secrétaire de la Confédération générale du travail, M. Baldesi. C'est, dit-on, M. Federzoni, leader nationaliste, qui fit pression sur M. Mussolini et qui obtint la suppression du nom de M. Baldesi. Telle que, la liste était l'affirmation d'une politique de modération ; ceux qui en craignaient une autre de persécution, de combat, parurent rassurés.

Le soir, l'ancien directeur de l'*Avanti*, installé au Viminal, donnait l'ordre d'ouvrir les portes de Rome par lesquelles, le lendemain, 70 000 fascistes, en formation régulière, pénétraient. pour défiler dans une marche triomphale, d'un bout à l'autre de la Ville éternelle.

ÉPILOGUE

LE DICTATEUR
JOURNAL D'UN OBSERVATEUR

I

1ᵉʳ *mars* 1923. — Voilà bientôt cinq mois que M. Mussolini est au pouvoir. Peut-on dire qu'il a réalisé les espoirs mis en lui? S'il ne les a pas encore réalisés, il ne les a pas déçus non plus. Les seuls qui pourraient se prononcer sont ceux qui croient que l'œuvre que des générations entières n'ont pas su accomplir, sous un régime normal, un dictateur le peut par le seul mouvement de sa baguette magique, en quelques mois. « Un dictateur », ai-je écrit, et non pas « une dictature », car, sauf l'exercice, volontaire et décidé, des facultés de commandement de M. Mussolini, tous les organes du vieux régime constitutionnel italien continuent à fonctionner comme devant, y compris le Parlement.

Le geste par lequel le dictateur, dans son premier contact avec la Chambre, demanda et obtint, presque sans opposition, les pleins pouvoirs en matière financière jusqu'au mois de décembre 1923, n'était pas sans précédent, dans l'histoire de l'Italie unifiée. Le dernier, auquel ils avaient été accordés, et dans une mesure plus large encore, avait été le ministère Salandra, lors de l'intervention de l'Italie dans la guerre. Et d'autres, après et avant lui, — Crispi et Giolitti par exemple, — ne s'étaient pas gênés pour légiférer avec le régime de simples décrets sans que personne ait crié à la dictature. On a crié d'autant moins, cette fois-ci, que la logique des choses, plus que la volonté de M. Mussolini, s'accordait avec des motifs d'autre nature pour faire sentir aux parlementaires l'inéluctabilité de cette solution. L'équilibre du budget était devenu pour le pays une question de vie ou de mort.

Sous la pression de l'opinion publique, les parlementaires italiens étaient acculés à se charger eux-mêmes d'édicter une série de mesures qui leur auraient assuré l'hostilité des groupes les plus influents de leurs électeurs. Car ce qui rendait et ce qui rend encore plus précaire la question de l'équilibre du budget italien, c'est l'énorme accroissement des dépenses de la bureaucratie pendant la guerre et le cumul infini des subventions qu'une politique, ininterrompue, de protectionnisme, un jour en faveur de l'industrie, un autre jour en faveur de l'agriculture ou des organisations coopératives, mutualistes, syndicales, fait peser sur l'État. 'On ne pouvait procéder à la réduction au minimum de la bureaucratie et à l'abandon des systèmes protectionnistes sans défier l'impopularité chez les électeurs. En se chargeant de la tâche difficile, Mussolini est venu libérer les élus du suffrage universel d'un embarras bien compréhensible.

D'ailleurs, il les a convoqués, déjà, à trois reprises, en leur montrant ainsi qu'il n'entend pas gouverner sans eux. Il les a associés, par leur vote, à des décisions importantes de politique étrangère ; il les a appelés à sanctionner le traité de Rapallo, les conventions de Washington, les accords commerciaux avec la France, l'Espagne, et d'autres, de moindre importance.

C'est sur ce terrain de la politique étrangère que M. Mussolini a étonné le plus ceux qui s'attendaient à le voir, en arrivant au pouvoir, bousculer et renier la tradition établie par ses prédécesseurs. S'il ne s'était pas réservé pour lui-même, en outre de la direction de la politique intérieure, celle des affaires extérieures, peut-être la politique étrangère du gouvernement fasciste eût-elle été bien différente, bien plus audacieuse qu'elle ne l'a été.

A travers les variations qu'il a subies, en passant par les trois congrès nationaux du parti, le programme du fascisme, en matière de politique extérieure, avait fini par paraître, dans le dernier congrès, à Naples, comme dépassant, par la violence de ses formules, le programme même du parti nationaliste, expansioniste et impérialiste. On avait pu entendre, à Naples, des orateurs parler non seulement de la nécessité de déchirer le traité de Rapallo auquel M. Mussolini avait donné, lorsqu'il fut conclu, son adhésion, mais reprendre des griefs oubliés et discourir du traité du Bardo et des droits italiens en Tunisie.

Le jour où, installé à la Consulta, au centre du mécanisme de la diplomatie italienne, M. Mussolini a pu voir, de près, combien les rouages de celle-ci étaient délicats, il a fait ce que tous les hommes, ayant charge d'âmes, ont fait toujours : la prudence est devenue, pour lui, la première des vertus... Son premier geste a été de rassurer la France et les Alliés : pas de révolution à craindre dans les rapports de l'Italie avec eux. Si jamais des débats sur des revendications anciennes doivent recommencer un jour prochain, — M. Mussolini en a donné la garantie, — ce sera dans un esprit d'amitié et de conciliation, comme au temps des plus sages de ses prédécesseurs.

Tout au plus, peut-on le soupçonner de partager quelques-unes des idées qu'un de ces derniers, M. Sforza, avait en matière d'équilibre européen. Elles se résumaient dans l'aspiration à l'établissement d'une alliance continentale où l'Allemagne devrait avoir sa place à côté de la France, équitablement satisfaite dans la réparation de ses ruines. Quoi qu'il en soit, il est apparu clairement, dès les premiers jours, que M. Mussolini ne songeait nullement à modifier les directions, paisibles et amicales, que la politique italienne a suivies, généralement, depuis trois ans.

Il a montré, tout particulièrement, ses bonnes intentions dans la question des rapports avec la Yougo-Slavie. C'est grâce à lui que le traité de Rapallo, resté lettre morte pendant deux ans et demi, a pu, finalement, entrer en application. Pour que ce soit parfait, il ne reste qu'à résoudre des questions secondaires, se rapportant au régime de Fiume. On y travaille rapidement.

II

12 *avril* 1923. — Est-ce l'expérience, vite acquise, des bienfaits de la sagesse, en matière de politique extérieure, qui a contribué à donner à M. Mussolini un sens d'équilibre et de modération qui a enlevé à ses adversaires toute raison sérieuse de se plaindre, en ce qui concerne sa politique intérieure? On est tenté de le croire.

Assurément, si on devait s'arrêter à la forme outrancière des discours que lui et quelques-uns de ses collaborateurs ont prononcés dans ces derniers temps, où les menaces contre les adversaires de la veille foisonnent, on devrait conclure que le régime qui a été instauré en Italie est un régime de violence sans plus l'ombre de liberté. Mais ce n'est là que de la violence verbale. Voyons plutôt les faits.

On circule, on parle, on se réunit publiquement, en Italie. Des journaux d'opposition paraissent comme auparavant. Des congrès se tiennent et l'on peut même, comme dans le congrès du parti populaire de Turin, critiquer ouvertement le dictateur.

Il n'y a pas encore, qu'on sache, ni de censure ni de cabinet noir, ni d'état de siège. Et les prisons politiques ne sont pas beaucoup plus peuplées qu'avant. Même les attaques des «chemises noires» contre les socialistes, les populaires et les communistes, après les rappels à l'ordre du chef du gouvernement, suivis, en certains endroits, d'arrestations et de dénonciations, aux juges, des agresseurs, ont presque partout cessé.

Il est vrai qu'une note d'une agence qui se vante d'être

officieuse, l'agence Volta, est venue informer le public, il y a quelques jours, que le régime fasciste proprement dit n'est pas encore commencé et que la période actuelle n'est qu'une période préparatoire, due à un gouvernement de liquidation...

III

30 *avril* 1923. — Malgré l'absence de faits capables de justifier des plaintes sérieuses contre l'esprit fondamental du nouveau régime, il est indéniable que des obstacles rudes, nettement visibles à l'heure actuelle, se lèvent sur le chemin du dictateur.

Tout d'abord, il est un fait que, malgré son masque, dans lequel beaucoup de gens aiment découvrir les traits de Napoléon, M. Mussolini, en montant au pouvoir, a agi, à l'égard de ses adversaires, d'une façon bien différente de son illustre sosie. Il ne s'est pas soucié, jusqu'à présent, de diminuer le nombre de ses adversaires ; il s'est presque attaché à les multiplier. Voilà, par exemple, ce qui est arrivé pour la franc-maçonnerie.

Depuis la fondation du royaume, à laquelle ses affiliés avaient directement contribué, grâce à l'abstention des catholiques qui leur avaient laissé le champ libre, la franc-maçonnerie avait pu établir, dans toutes les branches de l'administration de l'État, des hommes à elle ; même lorsque les titulaires des ministères n'appartenaient pas à la secte, il leur fallait, pour gouverner, compter avec elle. Sa faculté d'adaptation à tous les changements politiques lui avait rendu toujours facile la tâche de marcher avec le pouvoir. Le fascisme n'avait rien à craindre d'elle, à une condition, cependant, qu'il voulût se prêter à lui faire sa part dans la nouvelle vie de l'Italie.

Les chefs du Grand-Orient de Rome ne doutaient pas de la possibilité de vivre en harmonie avec M. Mussolini lorsque, au jour de la marche sur Rome, ils se décidèrent à publier un manifeste saluant les vainqueurs. Ils se sont sentis profondément déçus, quelques mois plus tard, quand M. Mussolini, irrité par un ordre du jour, voté à une réunion des délégués des loges en faveur du maintien des libertés constitutionnelles, a fait décider, par le grand conseil de direction fasciste, d'interdire aux membres fascistes francs-maçons, de continuer à faire partie des loges. A cette dure sentence, n'ont pas réussi à se soustraire même les francs-maçons schismatiques qui, réunis autour de la Grande Loge de rite écossais, siégeant à Rome, à la place du Gésu, avaient multiplié, sans mesure, des manifestations de fidélité et d'attachement à M. Mussolini.

La conclusion de l'épisode est claire : il semble difficile de trouver, aujourd'hui, dans les rangs assurément nombreux des franc-maçons italiens, des hommes qui puissent, désormais, nourrir de l'enthousiasme pour le fascisme.

IV

Ier *mai* 1923. — Peut-on dire que ce que le fascisme a perdu par ses excommunications contre la franc-maçonnerie il l'a retrouvé du côté catholique? Il serait difficile de l'affirmer. Assurément, l'attitude que le fascisme a prise vis-à-vis du Vatican est faite pour lui assurer les sympathies du catholicisme. M. Mussolini a pu démontrer, par les faits, combien peu répondait à ses projets l'image, parue quelques semaines avant la marche sur Rome dans le *Popolo d'Italia*, où le dessinateur, pour symboliser l'aspiration des fascistes, avait représenté la coupole de Saint-Pierre découronnée de sa croix, à laquelle il avait substitué le faisceau triomphant des licteurs romains. Personne parmi les catholiques ne pourrait plus douter, aujourd'hui, du caractère d'une politique marquée, à l'égard du Saint-Siège et du catholicisme, par les manifestations les moins équivoques, telles que le retour du crucifix dans les écoles, le rétablissement de l'enseignement religieux, la protection nouvelle aux congrégations religieuses italiennes à l'étranger, l'apologie faite par M. Mussolini, au Parlement, de la papauté.

Et malgré cela, on se tromperait fortement si l'on croyait que le fascisme est devenu aujourd'hui populaire auprès des foules catholiques d'Italie. Car le Vatican, qui ne lui a pas caché, soit par la voie de ses évêques et de ses cardinaux, soit par la voie de l'*Osservatore Romano*, sa reconnaissance, ne peut pas être confondu avec la masse des croyants, laquelle, depuis quatre ans, par la fondation d'un parti à base catholique, mais non confessionnel comme le parti populaire, pratique vis-à-vis du Saint-Siège, sur le terrain politique, une indépendance presque absolue.

Or cette masse, nous l'avons vu, n'a pas été ménagée au cours de la lutte que le fascisme a soutenue pendant deux ans. Elle a vu tomber parmi les victimes, sous les coups de ses agresseurs, beaucoup de ses chefs, de ses organisateurs ; elle a vu, parfois, flamber, en une heure, le fruit de longues années d'efforts et de labeur, accomplis sur le terrain de l'action coopérative et syndicale. Elle s'est vue confondue, dans la bataille, avec les communistes et les socialistes, souvent sans justification.

Pour détruire les rancœurs que la violence de la lutte avait laissées dans le cœur de cette masse catholique, M. Mussolini a eu, le 31 octobre, en composant son ministère, un geste heureux : il a appelé deux membres du parti populaire à siéger parmi ses ministres ; il leur a adjoint, le lendemain, quatre sous-secrétaires d'État, pris également dans leur parti. Mais le coq n'avait pas chanté trois fois que déjà les journaux fascistes proclamaient que le choix de ces hommes s'expliquait tout simplement par leur valeur personnelle et que, s'ils avaient été appelés à siéger dans un gouvernement fasciste, ce n'était pas comme représentants d'un parti contre lequel la bataille n'était pas terminée. Et pour établir la vérité de cette affirmation, le lieutenant principal de M. Mussolini, M. Bianchi, devenu secrétaire général au ministère de l'Intérieur, annonçait comme décidée la substitution du système électoral majoritaire à ce système proportionnel qui avait permis au parti populaire de naître et de s'accroître sur le chemin parlementaire. En même temps, le même M. Bianchi, et d'autres de ses collègues, répétaient un *leit motiv* qui contribuait à irriter les catholiques organisés, à savoir que les satisfactions déjà données par M. Mussolini à leur programme de revendications religieuses enlevaient toute raison d'être à leur parti, dont on exigeait la disparition.

L'effet de cette attitude n'a pas tardé à se manifester. Le 12 avril, 3 000 délégués des sections du parti populaire se sont réunis en congrès à Turin. C'était la première assemblée d'un parti autre que le fascisme qui, depuis la révolution d'octobre, osait se réunir. Dès le premier jour, les sentiments des congressistes, représentant environ 200 000 adhérents, ont eu l'occasion de se manifester. Les partisans d'une collaboration étroite avec le fascisme ne manquaient pas dans la salle. Mais on a pu voir, dès la première séance, qu'ils ne formaient qu'une toute petite minorité. L'un d'eux, M. Pestalozza, député, qui a eu le courage de déclarer que M. Mussolini était pour lui « un homme providentiel », a été hué par les quatre cinquièmes de la salle : il a dû renoncer à parler. Les orateurs qui ont reçu les applaudissements de l'assemblée ont été ceux qui ont réclamé, pour leur parti, contre la thèse fasciste, le droit de vivre. Le plus acclamé a été le secrétaire politique de l'organisation, l'abbé Sturzo, contre lequel la presse fasciste avait dirigé ses attaques les plus vives et qu'on avait espéré voir résigner ses fonctions à la veille du congrès (1).

(1) La conséquence principale du Congrès de Turin devait être, deux semaines plus tard, la démission des membres populaires du cabinet. Malgré leurs affirmations de loyalisme, malgré un ordre du jour, voté par les députés populaires, les autorisant à continuer leur concours à M. Mussolini, celui-ci, après quelques hésitations, jugea impossible de les garder parmi ses collaborateurs.

V

15 *mai* 1923. — Du côté libéral, non plus, le fascisme n'a pu, par son attitude, gagner des adhérents et des sympathies. Si quelques-uns des groupes, multicolores, qui formaient la masse, si longtemps dominatrice, du libéralisme italien avaient pu s'illusionner sur les dispositions du fascisme à leur égard, leurs illusions sont tombées quand le fascisme, par la voix de son chef, a rappelé que la marche sur Rome avait marqué la fin de toutes les anciennes coteries, cachées sous les oripeaux des avocats de la liberté. Et pour que personne ne puisse plus s'y tromper parmi les libéraux, M. Mussolini a dicté, à leur intention, le plus formidable réquisitoire qu'on ait jamais écrit contre la « liberté ». Voici la partie essentielle de cet article, paru dans le dernier numéro de *Gerarchia*.

« Le libéralisme n'est pas le dernier mot, il ne représente pas la formule définitive de l'art de gouverner. Il n'y a pas, dans cet art difficile et délicat, qui travaille sur la matière mobile la plus réfractaire, car il travaille sur les vivants et non pas sur les morts, il n'y a pas, dans l'art politique, l'unité aristotélique de temps, de lieu et d'action. Les hommes ont été gouvernés d'une façon, plus ou moins heureuse, de mille façons différentes. Le libéralisme est la méthode du dix-neuvième siècle qui n'est pas stupide, selon ce que Daudet prétend, car il n'y a pas de siècle stupide et de siècle intelligent ; mais il y a de l'intelligence et de la stupidité qui s'alternent dans des proportions, plus grandes ou moindres, dans chaque siècle. Ce n'est pas sûr que le libéralisme, méthode de gouvernement, bonne pour le dix-neuvième siècle, c'est-à-dire pour un siècle dominé par deux phénomènes essentiels, le développement du capitalisme et l'affirmation du sentiment de nationalité, doive nécessairement être bon pour le vingtième siècle, qui s'annonce déjà avec des caractères très différents de ceux du siècle précédent. Le fait vaut plus que le livre, l'expérience vaut plus que la doctrine. Or, les plus grandes expériences de l'après-guerre, celles qui sont en état de mouvement sous nos yeux, marquent la défaite du libéralisme. En Russie et en Italie, il a été démontré que l'on peut gouverner du dehors, au-dessus et contre toute l'idéologie libérale. Le communisme et le fascisme sont au dehors du libéralisme. En somme, en quoi consiste ce libéralisme pour lequel, d'une façon plus ou moins oblique, s'échauffent aujourd'hui tous les ennemis du fascisme? Est-ce que le libéralisme signifie suffrage universel et d'autres choses analogues? Est-ce qu'il veut dire qu'il faut tenir ouverte, en permanence, la Chambre, afin qu'elle étale le spectacle indécent qui avait soulevé le dégoût général? Est-ce qu'au nom de la liberté il faut laisser à quelques-uns la liberté de tuer la liberté de tous? Est-ce qu'il faut, ainsi, assurer une place à ceux qui déclarent leur hostilité à l'État et travaillent activement à le démolir?

« Le fascisme jette au panier les théories libérales. Lorsqu'un groupe ou un parti se trouve au pouvoir, il a l'obligation de s'y fortifier et de se défendre contre tous. La vérité manifeste, désormais, même aux yeux de ceux qui sont aveuglés par le dogmatisme, est celle-ci : les hommes sont peut-être fatigués de liberté. Ils en ont fait une orgie. La liberté n'est plus, aujourd'hui, la vierge chaste et sévère pour laquelle les générations de la seconde moitié du siècle précédent ont combattu.

« Sur les jeunesses, troublées et âpres, qui se présentent au crépuscule matinal de la nouvelle histoire, il y a d'autres paroles qui exercent une fascination, beaucoup plus grande. Ces paroles sont : ordre, hiérarchie, discipline.

« Ce pauvre libéralisme qui gémit et se bat pour une plus grande liberté, véritablement il retarde. Il est complètement en dehors de toute compréhension et de toute possibilité.

« On parle de semences qui retrouveront le printemps. Ce sont des plaisanteries. Il y a des semences qui meurent sous le linceul de neige. Le fascisme, qui n'apas craint de s'appeler réactionnaire, lorsque plusieurs des libéraux d'aujourd'hui étaient devant lui triomphants, ne craint pas aujourd'hui de se déclarer anti-libéral. Le fascisme ne tombera pas victime de certains artifices banals. Que l'on sache, une fois pour toutes, que le fascisme ne connaît pas d'idole et n'adore pas les fétiches : il est déjà passé et, si cela est nécessaire, il repassera encore tranquillement, sur le corps plus ou moins décomposé de la déesse Liberté ».

La publication de cet article a suffi pour faire avorter des tentatives d'approche que des hommes et des publicistes des anciens partis de gouvernement ébauchaient depuis novembre. « Que ceux qui ont des oreilles pour entendre, entendent, » s'est écrié, en commentant la parole de M. Mussolini, M. Bianchi. Les principaux organes libéraux ont entendu. Ils sont rangés, loin du fascisme, dans le camp de l'opposition.

VI

17 mai 1923. — Seul, de tous les groupes politiques, le groupe nationaliste, avec lequel le fascisme a tant de traits communs, a réussi à faire fléchir les directions, exclusivistes du fascisme.

En vérité, les rapports entre les deux partis, à la veille de la marche sur Rome, avaient été troublés, dans certaines provinces, par une rivalité de fonctions plutôt que par un antagonisme de doctrines. Le nationalisme monarchiste s'était efforcé de garder constamment une attitude amicale vis-à-vis du fascisme, au temps où M. Mussolini le définissait comme un mouvement à « tendance républicaine ». Les escouades des « chemises bleues » créées par les nationalistes avaient pu collaborer presque partout, sans se préoccuper des différences de principes, avec les « chemises noires ». Dans le ministère composé par M. Mussolini, les nationalistes étaient représentés par M. Federzoni, ministre des Colonies, et par M. Rocco, sous-secrétaire d'État aux Finances. On aurait pu trouver que la part qui leur était faite, en comparaison de celle qui était accordée, au sein du gouvernement, à des partis beaucoup plus éloignés de l'armée des vainqueurs, était plutôt faible. Mais les nationalistes firent bonne contenance. Ils mêlèrent leurs voix au chœur des fascistes le jour du défilé monstre qui consacra la victoire. Aucun groupement politique n'a montré à l'égard du fascisme un désintéressement plus grand. On a pu en douter le jour où M. Mussolini, ayant décidé le passage dans une milice permanente des meilleurs éléments de l'armée des chemises noires, a ordonné « la dissolution immédiate de toutes les autres organisations militaires de partis ». C'était l'arrêt de mort pour les chemises bleues. Leurs chefs ont essayé de résister ; puis, après des négociations, ils ont cédé. Les chemises bleues disparues, l'organisation politique nationaliste ne devait pas leur survivre ; une commission, nommée pour régler les rapports entre les deux partis, a fini par proposer l'absorption du nationalisme dans le fascisme. La décision a été sanctionnée par le conseil national du nationalisme, dont le principal membre, M. Enrico Corradini, a reçu, comme récompense, la nomination de sénateur. Quelques-uns de ses collègues, comme M. Paolucci et M. Maraviglia, sont passés dans le Conseil de direction du parti fasciste et la fusion a été accomplie, de nom du moins. Car quelques sections importantes, comme celle de Milan, ont eu un geste de rébellion. D'autres, qui avaient été fondées récemment dans le Midi avec des éléments des vieux partis libéraux désireux de se réfugier, après la marche sur Rome, dans un abri sûr, s'obstinent à vivre encore...

Séparé plus que jamais, par des abimes, des groupes rouges de toutes gradations auxquels, par son attitude et par ses actes (il vient de faire arrêter les rédacteurs de l'*Avanti*) il ne laisse plus le moindre espoir de salut, M. Mussolini s'est dressé même contre une tentative de pacification générale entre les organisations syndicalistes dont d'Annunzio, de sa solitude de Gardone, semblait prêt à prendre l'initiative. L'effet de cette tactique combattive, M. Mussolini le sait et le proclame, c'est qu'il ne peut compter que sur les forces qui ont reçu directement par lui le baptême pour accomplir la tâche, à peine ébauchée, de la transformation de l'État italien.

VII

2 *juin* 1923. — Les esprits les moins disposés au scepticisme pourraient être portés à douter des dispositions spirituelles des troupes de M. Mussolini à le suivre jusqu'au bout. Ce qui leur manque, c'est l'unité de l'esprit. Par la rapidité avec laquelle le fascisme a procédé à sa levée en masse, beaucoup d'éléments, foncièrement en antagonisme entre eux, y sont entrés. Quel que soit le travail accompli pour les fusionner, ce travail n'a pu aller jusqu'à faire disparaître le contraste entre deux ordres d'intérêts divergents qui répondent à deux formes différentes que le fascisme s'est données : le fascisme des milices et le fascisme des syndicats. Le premier est représenté par une élite aux tendances nettement individualistes ; le second, par trop d'éléments qui étaient, jadis, des meneurs extrémistes, et qui, en changeant de drapeau, n'ont pas changé de nature. Je ne parle pas ici de la foule qui les a suivis, soit par opportunisme, soit par habitude. Lorsque l'organisation syndicale du fascisme a commencé à se former, des craintes avaient été émises de plusieurs côtés. Un article de M. Cabiati, publié dans *la Stampa* de Turin, il y a un an, disait : « Le syndicalisme fasciste ne tardera pas à se développer, lui aussi, sur le terrain de la lutte des classes. » Des démentis furent donnés par des écrivains fascistes à cette assertion. Cependant, des faits qui semblent donner raison au prophète se sont déjà produits ; ils tendent à se multiplier.

Entraîné par le nombre, par la nécessité de donner satisfaction aux besoins, aux aspirations de leurs affiliés, les syndicats fascistes prennent déjà, dans plusieurs endroits, contre les patrons industriels et agraires, une attitude de bataille qui s'accorde très peu avec la doctrine de la collaboration des classes, pour la réalisation de laquelle les milices fascistes se sont battues.

Le langage que l'organe des corporations fascistes, le *Lavoro d'Italia*, emploie, les sommations qu'on peut y lire périodiquement à l'adresse des patrons, constituent la preuve de la persistance d'un état d'esprit et d'une tendance qu'on avait pu croire disparues et auxquelles ce qu'il y a de plus clair dans la doctrine de M. Mussolini s'oppose.

Mais les faits sont bien plus éloquents. Les chroniques du syndicalisme fasciste s'enrichissent encore de narrations de grèves, proclamées pour contester aux patrons le droit de renvoyer leur personnel et qui aboutissent parfois, comme à Monfalcone, à l'occupation, par les ouvriers, de chantiers privés. A Crémone, des cheminots fascistes, appuyés énergiquement par leur chef M. Farinacci, se sont insurgés — avec succès — contre le premier décret, émané pour réaliser l'un des points cardinaux du programme de M. Mussolini : le transfert de la gestion des chemins de fer de l'État à l'industrie privée.

Ailleurs, en Toscane, en Piémont, ce sont des fermes qui sont occupées par des paysans fascistes, en rupture avec leur maître. Et sur une plus vaste échelle, et avec une âpreté plus grande, un conflit vient d'éclater entre la principale organisation des patrons agricoles, la Confédération générale de l'Agriculture, et la Fédération paysanne fasciste, laquelle, par la voix du secrétaire général des corporations fascistes, M. Rossoni, refuse à la première, non seulement le droit qu'elle semblait s'être attribué de donner des conseils au gouvernement, mais le droit même à l'existence.

A ceux qui objectent qu'en agissant ainsi, il ramène l'action syndicale sur le terrain de la lutte de classe,

M. Rossoni, dans le *Lavoro d'Italia*, répond ainsi : « A ces faux économistes qui travaillent d'imagination, nous disons, tout de suite, que la lutte entre les classes, sous ses aspects divers, peut très bien se dérouler et se présenter même comme inéluctable. »

Déjà la veille, dans le *Popolo d'Italia*, M. Donato Bachi, chef des fasci de Turin, avait, dans une interwiew, regretté le fait que « la lutte pour l'amélioration matérielle de la classe ouvrière reprenne ses formes anciennes ». Il semble résigné à admettre que le syndicalisme fasciste subisse « les systèmes des autres qui l'ont précédé ». Mais d'autres, parmi les chefs, manifestent une opinion opposée. Tel M. Cesare Forni, capitaine des chemises noires, « organisateur agraire » du parti, dont les critiques véhémentes contre les syndicats viennent d'aboutir à un duel avec son collègue M. Giunta, député de Trieste, tels les rédacteurs du *Nuovo Paese*, le quotidien fasciste de Rome, qui reprennent à leur compte la menace formulée par le ministre actuel des Finances, M. de Stefani, un fasciste de la première heure, dans un rapport au dernier congrès de Naples : « Il faut avoir le courage d'agir contre les syndicats nationaux (les corporations fascistes) lorsqu'ils ne respectent plus les conditions auxquelles la liberté de s'organiser leur a été accordée. »

...Alors une question surgit : Ceci tuera-t-il cela?

VIII

4 *août* 1923. — Les journaux fascistes reprennent, ces jours-ci, un ancien refrain. Ils annoncent la « seconde marche », le « second temps » de la marche sur Rome. Non ! La marche, la révolution fasciste est accomplie. Elle ne recommencera pas ; du moins tant que le chef du fascisme et le chef du gouvernement italien s'appelleront du même nom. Malgré toutes les hyperboles menaçantes de sa presse, le fascisme n'échappera pas à la loi traditionnelle qui gouverne, depuis des siècles, les mouvements des masses en Italie, et qui, après de courtes périodes de débordements, les ramène régulièrement dans le sillon de la vie normale. Trente siècles de pratique du droit romain, dans le pays où il est né, imposent, même aux plus échevelés des groupements politiques, l'obéissance à cette loi de l'esprit italien.

Il en est du fascisme et des hommes qui le dirigent, ce qu'il en a été, dans les vingt dernières années, de ces mouvements révolutionnaires artistiques, dont le futurisme a été le prototype : après des bouillonnements inévitables, ils se sont évanouis : leurs représentants les plus résolus, tel Papiné, sont retombés dans les chemins du classicisme et de l'orthodoxie. Du reste, contre qui la « révolution fasciste » pourrait-elle se déclancher encore ? Il n'y a plus de partis puissants dressés contre M. Mussolini et ses escouades. A droite, le parti nationaliste a disparu, absorbé. Les libéraux de droite qui reconnaissent M. Salandra comme leur leader, malgré quelques coups d'épée portés, dans l'ardeur de la polémique, par

M. Mussolini à leur chef, se proclament ses amis, ses admirateurs chaleureux. Le parti populaire, divisé et désorienté, surtout après le départ de son secrétaire politique don Sturzo (1) multiplie, tous les jours, des protestations de loyalisme, plus senties chez les uns, moins chez les autres. Les libéraux démocrates, qui obéissent à M. Giolitti, sont presque dans le même état d'esprit, mélange de satisfaction réelle, de lassitude et de résignation. On retrouve cet état d'esprit chez les autres fractions libérales, même chez les rares parlementaires restés fidèles à M. Nitti. Le groupe des socialistes réformistes, sur lesquels s'appuyait jadis M. Bonomi, s'est dispersé. Il restait, au mois dernier, un seul bloc d'adversaires, le bloc constitué par les quatre fractions de l'ancien parti socialiste « officiel » : socialistes unitaires, socialistes centristes, socialistes maximalistes, communistes enfin. L'arc-en-ciel s'est enrichi, depuis quinze jours, de deux nuances fraîches : les socialistes girondins (2) et le parti du travail. Moins importants les premiers, beaucoup plus les seconds, parmi lesquels se trouvent les plus influents des chefs syndicalistes, ils ont en commun un trait essentiel : le ralliement au fascisme (3).

Vraiment, ce qui reste d'opposants réels contre le gou-

(1) Sur les causes de ce départ, voir notre étude « Un crépuscule » dans *e Correspondant* du 10 août 1923.

(2) On les appelle ainsi du nom d'un journal qu'ils viennent de faire paraître, *la Gironde*.

(3) Au moment où nous écrivons, le « parti du travail » est en formation. Son éclosion est due, directement, aux avances faites à la Confédération générale du Travail, par M. Mussolini, qui dans un discours à la Chambre n'a pas hésité à lui offrir un pacte de paix, sinon d'alliance et de collaboration ministérielle. Les conditions de ce pacte ont été discutées dans une conversation que les chefs de la Confédération ont eue peu après, avec M. Mussolini lui-même.

Sanctionnant ces pourparlers, l'assemblée des délégués de la Confédération a voté un ordre du jour où la séparation, souhaitée par M. Mussolini, de la Confédération du parti socialiste, est proclamée, et l'appui promis à n'importe quel gouvernement favorable à l'action syndicale, le gouvernement fasciste non exclu.

vernement de M. Mussolini n'est pas suffisant pour justifier la reprise d'une offensive générale de la part du fascisme.

Cependant, M. Mussolini lui-même ne dédaigne pas d'en faire sentir l'annonce menaçante ; ou plutôt, il passe avec une facilité déconcertante du ton de l'intransigeance à celui de la tolérance, et inversement. L'avenir du fascisme et de l'Italie dépend de la solution de l'antinomie que ses discours révèlent. Deux conceptions de l'État semblent s'alterner, depuis novembre 1922, dans son esprit. Un jour c'est l'État fasciste, réservant aux fascistes les responsabilités gouvernementales et les bénéfices connexes ; le lendemain, c'est l'État tout court, ouvert à toutes les classes et utilisant toutes les compétences. Sans doute c'est de la seconde conception que le dictateur s'inspirait, lorsqu'il constitua son premier ministère, en confiant à d'autres qu'à des fascistes des portefeuilles importants. Voilà que depuis la démission des ministres populaires (avril 1923), l'idée de l'État fasciste semble avoir retrouvé dans l'esprit du « dictateur » la faveur ancienne. Un problème identique à celui qui semble troubler M. Mussolini se posa jadis à l'esprit des chefs d'un autre parti, réalisateur d'une autre révolution, qui par des méthodes assez analogues à celles qu'employèrent les « chemises noires » fit, il y a soixante-quatre ans, l'unité de l'Italie. A ce moment-là aussi, les libéraux italiens, qui ne formaient qu'une minorité, se trouvèrent placés devant le dilemme d'organiser le nouvel État, ou comme une chose à eux, ou comme le patrimoine de tous, à la prospérité duquel il fallait intéresser même les groupes qui n'avaient pas participé à la révolution. Malgré les conseils de quelques-uns de leurs chefs comme Silvio Spaventa, préconisant la formation d'un État supérieur aux partis, les libéraux italiens de 1860 se décidèrent en faveur de la formule oligarchique. Et l'État, sorti de la révolution unitaire, a offert, pendant longtemps, le spectacle d'un assemblage de provinces conquises, sur le sol desquelles

les conquérants restaient campés, confiants dans la force de leurs armes, exploitant leurs privilèges, sans aucune communion d'esprit et de sentiments avec la majorité de la nation. L'histoire de ces derniers soixante ans de vie italienne, aboutissant à travers des épisodes de troubles et de scandales, à travers les intrigues et la dégénération parlementaire, à la sarabande bolchevique et à la révolution fasciste, montre assez clairement les effets du choix que les classes politiques dominantes firent alors. Elles en sont mortes et l'Italie a failli en mourir avec elles. M. Mussolini voudra-t-il répéter l'erreur? Le fascisme gardera-t-il l'attitude de conquérant sur le pays auquel il a promis autre chose que le régime que le vieux libéralisme lui avait imposé?

Jusqu'au jour où, à côté de l'armée régulière dans laquelle la conscription obligatoire range, quelles que soient leurs idées, tous les citoyens, il en restera une autre, armée de parti, enrichie de privilèges et chargée de fonctions impératives, inévitablement l'image de l'Italie, terre conquise, dominée par une minorité heureuse, apparaîtra comme une réalité aux yeux des observateurs.

Pourquoi les milliers de fascistes groupés dans les soixante-quinze provinces d'Italie s'imposeraient-ils une règle nouvelle de vie, et reprendraient-ils leur place à côté des citoyens, soumis à une même loi ; quand, organisés et reconnus aujourd'hui comme milice nationale, une partie si importante de la puissance publique leur est commise? Aussi bien, par-ci par-là, des excès continuent. Un ancien député fasciste, M. Misuri, a osé en parler à la Chambre, et M. Mussolini lui-même les a condamnés ; mais il n'est pas allé plus loin. Pour que les conditions essentielles d'une régénération durable soient assurées à l'Italie, pour que l'effort actuel et méritoire du gouvernement fasciste en matière de réforme puisse se prolonger au delà de ses effets purement matériels, il faut, il est indispensable qu'une atmosphère de confiance,

de concorde et de fraternité règne entre les groupes qui
forment la majorité des citoyens ; il faut que ceux-ci
ne se sentent pas opprimés par le cauchemar d'un lendemain obscur. M. Mussolini sent tout cela : il l'a senti
du moins à certaines heures, lorsqu'il s'est abandonné à
ce qu'il y a de plus pur et de plus haut dans ses inspira-
tions. Il est, à l'heure actuelle, tout proche du carrefour
où il lui faudra choisir entre la voie au bout de laquelle
il peut trouver un accroissement de sa puissance et de
la puissance de son parti, au milieu d'animadversions
secrètes ou de haines que seul un régime de petite ter-
reur peut étouffer ; et l'autre voie, la voie large de la
coopération confiante entre les vainqueurs triomphants
et les vaincus.

IX

14 *septembre*. — Quinzaine de bataille. — La politique étrangère de M. Mussolini, qui semblait devoir suivre les voies tranquilles battues par ses prédécesseurs, oublieuse de ce qu'avait été le programme extérieur du fascisme et du nationalisme italien, a subitement changé. Quelques coups de clairon, d'abord : en parlant aux étudiants de Padoue et au peuple de Florence, le mois dernier, M. Mussolini avait alerté les diplomates de la vieille école. Dans deux discours, dont l'un semblait le commentaire de l'autre, il avait parlé de la fonction impériale de l'Italie, de sa souveraineté dans la Méditerranée. Puis, dans les derniers jours d'août, deux gestes soudains. D'abord, l'envoi à Tanger d'un peloton de carabiniers italiens, le lendemain de la suspension à Londres des conversations entre la France, l'Angleterre et l'Espagne au sujet du régime futur du grand port marocain. Second geste : l'invitation à la Yougoslavie de souscrire, pas plus tard que le 15 septembre, au projet d'organisation du port de Fiume, que M. Mussolini veut souder économiquement à ses dépendances immédiates de Sussak et de Port-Baros. A Tanger, un communiqué officiel l'a dit, le dictateur a visé à confirmer les droits capitulaires de l'Italie qu'une interprétation, peut-être excessive, des accords intervenus jadis entre M. Delcassé et M. Prinetti avait pu faire croire annulés. Vis-à-vis de la Yougoslavie c'était, au contraire, l'affirmation renouvelée de l'hégémonie sur l'Adriatique. Enfin, retentissant comme un coup de foudre, l'ultimatum à la Grèce pour le massacre du

général Tellini et de ses collaborateurs italiens, chargés de la délimitation des frontières de l'Albanie.

Effet immédiat : une unanimité, presque complète, s'est faite à l'intérieur, autour du dictateur. Elle s'est consolidée au moment même où le développement de l'incident entraînait M. Mussolini à prononcer des paroles de défi à l'égard des défenseurs du gouvernement d'Athènes et à ordonner l'occupation de Corfou.

L'Europe a pu s'en étonner, mais les masses italiennes ont frémi, sous le réveil d'un sentiment qui semblait assoupi. Pour la première fois depuis qu'il est au pouvoir, M. Mussolini peut se vanter de n'avoir presque plus d'adversaires. Le *Corriere della Sera*, l'organe de la « fronde » libérale, ne lui ménage pas ses approbations. Le *Mondo* nittien, critique tenace jusqu'à hier de toutes les nouveautés du régime fasciste, s'est rapproché du bercail. Les républicains de la *Voce republicana* polémiquent, en défense de l'attitude du dictateur, avec leurs coreligionnaires, les radicaux-socialistes d'outre-monts. Les « socialistes girondins » se sont hâtés de crier leur adhésion. L'*Avanti* lui-même, qui signe encore par la faucille et le marteau ses éditoriaux, a trouvé bonne la leçon infligée à la Grèce militariste, à l'Angleterre oligarchique et à cette « troupe de comédiens » qui s'appelle la Société des Nations.

Tout l'ancien fond idéaliste de la race semble se soulever, répondant au geste de M. Mussolini. Après les premiers engagements, le conflit originaire a pris, aux yeux des Italiens de toutes les classes, l'aspect passionnant d'un duel entre l'Italie et l'Angleterre. Les souvenirs remontent : l'idée de l'Anglais, seul profiteur de la guerre, dominateur des mers, aujourd'hui plus qu'hier, l'Anglais qui a employé et emploie les petits peuples, balkaniques ou autres, pour ses desseins, de la même façon qu'il emploie et manœuvre la Société des Nations, ce « Gibraltar de Genève » ; l'Anglais qui a trompé tout le monde et l'Italie, et qui, il y a quatre ans, s'assura son aide pour s'annexer l'empire colonial allemand après lui avoir fait miroiter un cadeau royal, ce Jubaland qu'il ne s'est plus soucié de lui donner : tel est, pour les Italiens, l'adversaire contre lequel M. Mussolini s'est dressé.

Il y avait une légende à détruire, la légende qui faisait de l'Italie le pays pauvre et inorganique, laissant partir ses fils loin et sans défense à travers le monde, prêts à subir les humiliations, l'exploitation, le mépris des plus astucieux ou des plus forts. Or, voilà l'Italie qui parle et agit et proclame, comme la Rome ancienne, que là où l'un de ses enfants tombe sous le poignard d'un agresseur, elle est présente avec toute la force de ses muscles, tout le poids de son prestige, toute l'énergie de sa volonté. Peu importe si d'autres parlent d'impérialisme, d'arrogance. Arrogance contre l'Angleterre? L'accusation n'a pas de sens pour la masse italienne. Et pour la première fois depuis son accès au pouvoir, M. Mussolini voit l'unanimité se faire autour de lui... L'union sacrée, que d'autres peuples connurent, levain bienfaisant et purificateur pendant la guerre, semble devenue, aujourd'hui, une réalité aussi pour le peuple d'Italie... Jusqu'à quand?

FIN

TABLE DES MATIÈRES

PARIS

TYPOGRAPHIE PLON-NOURRIT ET Cie

8, rue Garancière